KB275998

회화 중급 공략 실전 모의고사

张宁志·陈郁·李明 지음
백형술·우치갑·오금순 번역

송산출판사

대표저자 **张宁志**

현 北京语言大学 교수
世界汉语教学学会会员, 中国对外汉语教学研究会会员
1995—1998년 삼성인력개발원 중국어 주임교수
저서
교재: 《中级汉语会话》, 《新汉语口语教程》
사전: 《学汉语词典》
논문: 《口语教材的语域风格问题》1985年
　　　《浅谈汉语教材难度的确定》1991年
　　　《汉语教师教学归因初探》2006年
　　　《汉语教材语料难度的定量分析》2000年
　　　《几个与纠正病句有关的问题》1986年
　　　《汉民族思维及语言的特点与汉语短期强化教学》2000年
　　　《将揭示语引入对外汉语教学的设想》1992年
　　　《鲁迅小说中的颜色词》1986年
　　　《中国文化的源流》1993年

 신HSK 회화 중급 공략 실전 모의고사 

초판 1쇄 발행　2010년 8월 31일
초판 3쇄 발행　2012년 5월 21일

저　　　자　　张宁志·陈郁·李明 지음 / 백형술·우치갑·오금순 번역
발 행 인　　윤우상
책임편집　　최준명, 윤병호
발 행 처　　송산출판사
주　　　소　　서울특별시 서대문구 홍제4동 104-6
전　　　화　　(02)735-6189
팩　　　스　　(02)737-2260
홈페이지　　www.songsanpub.co.kr
E-mail　　songsan1@korea.com
등 록 일　　1976년 2월 2일 제9-40호

ISBN 978-89-7780-156-1 13720

목 차

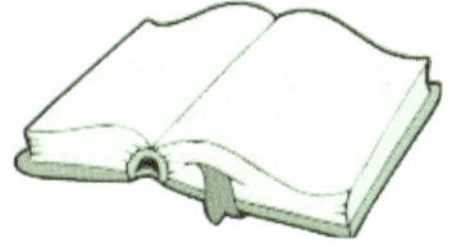

前言

    新汉语水平考试（HSK）是国家汉办组织中外汉语教学、语言学、心理学和教育测量学等领域的专家，在充分调查、了解海外实际汉语教学情况的基础上，借鉴近年来国际语言测试研究的最新成果，以《国家汉语能力标准》为依据，推出的一项国际汉语能力标准化考试。从2010年起在海外汉语水平的测试均采用由国家汉办主办的新汉语水平考试。

    新汉语水平考试相比于旧HSK，有很大变化。新HSK分笔试和口试两部分，笔试和口试是相互独立的。笔试包括HSK（一级）、HSK（二级）、HSK（三级）、HSK（四级）、HSK（五级）和HSK（六级）；口试包括HSK（初级）、HSK（中级）和HSK（高级），口试采用录音形式。

    对于广大考生而言，2010年实施的新 HSK考试无疑是个陌生的领域，尤其是口语考试采用录音形式，考生无法真正地和考官交流，因此考试前的准备工作显得非常重要，那么，怎样才能提高口语考试成绩呢？

1.   熟悉 HSK口语试题的特点、规律以及评分标准。

2.   有针对性的进行问答练习。

3.   要注意发音和声调。

4.   对着录音机进行自我测试。

    为了帮助考生真正理解和掌握 HSK口语考试形式，并在考试中取得良好的成绩，我们北京语言大学的几位教授，根据多年来积累的教学经验，研究和设计出了一套完整的口语训练方法，并根据《新汉语水平考试大纲 HSK口试》，准备了六套全真模拟试题。因此只要根据此书进行认真准备的话，考生不仅可以在短时间内提高自己的应试能力，而且还能使考生在进入考场时充满自信，从而为取得良好成绩打下坚实的基础。

    最后希望此书对参加新汉语水平考试的朋友们有所帮助。

作者

2010年8月8日于北京

머리말

　신한어수평고시(HSK)는 국가한반이 중국과 외국의 중국어 교육, 언어학, 심리학과 교육 측정학 등 영역의 전문가를 조직, 해외의 실제 중국어 교육 상황을 충분히 조사하고 이해한 기초를 바탕으로 최근 국제 언어 테스트 연구의 최신 성과를 참고하여, 〈국가한어능력표준〉을 근거로 출시한 국제한어능력표준화 시험이다. 2010년부터 해외에서 한어수평 측정은 모두 국가한반이 주관하는 신한어수평고시로 치뤄진다.

　신한어수평고시는 구 HSK에 비해 많은 변화가 있다. 신 HSK는 필기시험과 구술시험으로 나누어져 있으며, 필기시험과 구술시험은 서로 독립되어 있다. 필기시험은 HSK(1급), HSK(2급), HSK(3급), HSK(4급), HSK(5급), HSK(6급)이 포함된다. 그리고 구술시험은 HSK(초급), HSK(중급), HSK(고급)이 포함되며 녹음 형식을 채택한다.

　수험생들에게 있어서 2010년부터 실시된 신HSK시험은 두 말 할 것 없이 아주 생소한 영역일 것이다. 특히 회화시험은 녹음 형식을 채택하고 있기 때문에 수험생은 진정으로 시험관과 대화를 할 수 없다. 따라서 시험 전의 준비가 특히 중요하다. 그럼 어떻게 하면 회화시험 성적을 올릴 수 있을까?

　1. HSK 회화시험 문제의 특징, 패턴과 시험평가 기준을 숙지해야 한다.

　2. 시험을 대비하여 문답연습을 한다.

　3. 발음과 성조에 신경을 써야 한다.

　4. 녹음을 하면서 스스로 테스트해본다.

　수험생들이 HSK 회화시험 형식을 진정으로 이해하고, 시험에서 좋은 성적을 얻을 수 있도록, 저희 北京语言大学 교수진은 오랜 시간의 경험을 바탕으로 하여, 완벽한 회화시험 훈련 방법을 연구 개발하였으며, 《新汉语水平考试大纲 HSK 口试》에 근거하여 6회분의 모의고사를 준비해놓았다. 따라서 수험생들은 이 책을 가지고 열심히 준비하면, 짧은 시간 내에 시험에 대비하는 능력을 향상시킬 수 있을 뿐만 아니라, 수험생들이 시험장에 들어갈 때 자신감을 키워줌으로써, 좋은 성적을 얻기 위한 튼튼한 기초를 닦을 수 있다.

　마지막으로 이 책이 한어수평고시에 응시하는 여러분께 도움이 되길 바란다.

저자
2010년 8월 8일 베이징에서

新汉语水平考试（HSK）介绍

为使汉语水平考试（HSK）更好地服务于汉语学习者，中国国家汉办组织中外汉语教学、语言学、心理学和教育测量学等领域的专家，在充分调查、了解海外汉语教学实际情况的基础上，吸收原有HSK的优点，借鉴近年来国际语言测试研究最新成果，推出新汉语水平考试（HSK）。

一、考试结构

新HSK是一项国际汉语能力标准化考试，重点考查汉语非第一语言的考生在生活、学习和工作中运用汉语进行交际的能力。新HSK分笔试和口试两部分，笔试和口试是相互独立的。笔试包括HSK（一级）、HSK（二级）、HSK（三级）、HSK（四级）、HSK（五级）和HSK（六级）；口试包括HSK（初级）、HSK（中级）和HSK（高级），口试采用录音形式。

笔试	口试
HSK（六级）	HSK（高级）
HSK（五级）	
HSK（四级）	HSK（中级）
HSK（三级）	
HSK（二级）	HSK（初级）
HSK（一级）	

二、考试等级

新HSK各等级与《国际汉语能力标准》《欧洲语言共同参考框架（CEF）》的对应关系如下表所示：

新HSK	词汇量	国际汉语能力标准	欧洲语言框架（CEF）
HSK（六级）	5000及以上	五级	C2
HSK（五级）	2500		C1
HSK（四级）	1200	四级	B2
HSK（三级）	600	三级	B1
HSK（二级）	300	二级	A2
HSK（一级）	150	一级	A1

通过HSK（一级）的考生可以理解并使用一些非常简单的汉语词语和句子，满足具体的交际需求，具备进一步学习汉语的能力。

通过HSK（二级）的考生可以用汉语就熟悉的日常话题进行简单而直接的交流，达到初级汉语优等水平。

通过HSK（三级）的考生可以用汉语完成生活、学习、工作等方面的基本交际任务，在中国旅游时，可应对遇到的大部分交际任务。

通过HSK（四级）的考生可以用汉语就较广泛领域的话题进行谈论，比较流利地与汉语为母语者进行交流。

通过HSK（五级）的考生可以阅读汉语报刊杂志，欣赏汉语影视节目，用汉语进行较为完整的演讲。

通过HSK（六级）的考生可以轻松地理解听到或读到的汉语信息，以口头或书面的形式用汉语流利地表达自己的见解。

三、考试原则

新HSK遵循"考教结合"的原则，考试设计与目前国际汉语教学现状、使用教材紧密结合，目的是"以考促教""以考促学"。

新HSK关注评价的客观、准确，更重视发展考生汉语应用能力。

新HSK制定明确的考试目标，便于考生有计划、有成效地提高汉语应用能力。

四、考试用途

新HSK延续原有HSK汉语能力考试的定位，面向成人汉语学习者。其成绩可以满足多元需求：

1．为院校招生、分班授课、课程免修、学分授予提供参考依据。
2．为用人机构录用、培训、晋升工作人员提供参考依据。
3．为汉语学习者了解、提高自己的汉语应用能力提供参考依据。
4．为相关汉语教学单位、培训机构评价教学或培训成效提供参考依据。

五、成绩报告

考试结束后3周内，考生将获得由国家汉办颁发的新HSK成绩报告。

신 한어수평고사(HSK) 소개

한어수평고사(HSK)가 중국어 학습자에게 더 좋은 서비스를 제공하기 위하여 중국 국가한반은 중외 중국어 교육, 언어학, 심리학과 교육 측정학 등 영역의 전문가를 조직하여, 해외의 실제 중국어 교육 상황을 충분히 조사하고 이해한 기초를 바탕으로, 기존 HSK의 장점을 살리고 최근 국제 언어 테스트 연구의 최신 성과를 참고하여 신 한어수평고사 (HSK)를 실시하게 되었다.

1. 시험 구조

신 HSK는 국제 중국어 능력 표준화 수준 시험으로 중국어가 모국어가 아닌 수험생의 생활, 학습과 업무에 중국어를 이용하여 소통하는 능력을 중점 측정한다. 신 HSK는 필기시험과 구술시험으로 나누어져 있으며, 필기시험과 구술시험은 서로 독립되어 있다. 필기시험은 HSK(1급), HSK(2급), HSK(3급), HSK(4급), HSK(5급), HSK(6급)으로 나누어져 있다. 구술시험은 HSK(초급), HSK(중급), HSK(고급)으로 나누어져 있으며, 녹음 형식을 채택한다.

필기시험	구술시험
HSK (6급)	HSK (고급)
HSK (5급)	HSK (고급)
HSK (4급)	HSK (중급)
HSK (3급)	HSK (중급)
HSK (2급)	HSK (초급)
HSK (1급)	HSK (초급)

2. 시험 등급

신 HSK 각 등급과《국제 중국어 능력 표준》,《유럽언어 공동 참고 프레임 (CEF)》의 대응 관계는 아래 표와 같다:

신 HSK	어휘량	국제 중국어 능력 표준	유럽언어 프레임 (CEF)
HSK (6급)	5,000 및 이상	5급	C2
HSK (5급)	2,500		C1
HSK (4급)	1,200	4급	B2
HSK (3급)	600	3급	B1
HSK (2급)	300	2급	A2
HSK (1급)	150	1급	A1

HSK(1급)를 통과한 수험생은 매우 간단한 중국어 단어와 문장을 이해하고 사용할 수 있으며, 구체적인 소통을 할 수 있으므로 진일보한 중국어 학습 능력을 갖추었다.

HSK(2급)를 통과한 수험생은 익숙한 일상 화제에 대해 중국어로 간단하고 직접적인 교류를 할 수 있으며, 초급 중국어 우수 수준에 도달하였다.

HSK(3급)를 통과한 수험생은 중국어로 생활, 학습, 업무 등 방면의 기본 교제 임무를 완성할 수 있으며, 중국에서 여행 시 만나는 대부분의 교제 임무를 대처할 수 있다.

HSK(4급)를 통과한 수험생은 비교적 광범위한 영역의 화제에 대해 중국어로 토론을 진행할 수 있으며, 중국어를 모국어로 하는 사람과 비교적 유창하게 교류를 할 수 있다.

HSK(5급)를 통과한 수험생은 중국어 정기 간행물과 잡지를 읽고 중국어 영화와 TV 프로그램을 감상할 수 있으며, 중국어로 비교적 완전한 연설을 할 수 있다.

HSK(6급)를 통과한 수험생은 중국어 정보를 수월하게 알아듣거나 읽을 수 있으며, 구두 또는 서면 형식으로 유창한 중국어를 이용하여 자신의 견해를 표현할 수 있다.

3. 시험 등급

신 HSK는 "시험과 교육의 결합"의 원칙을 따르고, 시험 설계는 현재 국제 중국어 교육 현황, 교재사용과 긴밀하게 결합하며, 목적은 "시험으로 교육을 촉진하며", "시험으로 학습을 촉진한다"이다.

신 HSK는 평가의 객관성, 정확성을 중시하며 수험생의 중국어 응용 능력의 발전을 더욱 중요시한다.

신 HSK는 명확한 시험 목표를 제정하여, 수험생이 계획적이고 효과적으로 중국어 응용 능력을 향상시키기에 편하도록 한다.

4. 시험 용도

신 HSK는 기존의 HSK 중국어 능력 시험의 객관적인 평가의 연속으로 성인 중국어 학습자를 대상으로 한다. 신 HSK의 성적은 다양한 수요를 만족시킬 수 있다:
  (1) 대학의 학생모집, 분반수업, 과정면제, 학점수여 등을 위해 참고 근거를 제공한다.
  (2) 인재모집 기관의 채용, 양성, 직원의 진급 등에 참고 근거를 제공한다.
  (3) 중국어 학습자가 자신의 중국어 응용 능력을 이해하고 향상시키는데 참고 근거를 제공한다.
  (4) 관련 중국어 교육 부서, 양성 기관의 교육 평가 또는 양성 효과 등에 참고 근거를 제공한다.

5. 성적 보고

시험 종료 후 3주내에 수험생은 국가 한반이 수여한 신 HSK 성적 보고를 획득한다.

HSK 口试介绍

　　HSK口试考查考生的汉语口头表达能力，分HSK(初级) 、HSK(中级) 、HSK(高级) 三个等级。

　　HSK口试各等级与《国际汉语能力标准》《欧洲语言共同参考框架 (CEF)》的对应关系如下表所示：

HSK 口试	词汇量	国际汉语 能力标准	欧洲语言 框架 (CEF)
HSK(高级)	约 3000	五级	C2
			C1
HSK(中级)	约 900	四级	B2
		三级	B1
HSK(初级)	约 200	二级	A2
		一级	A1

　　通过 HSK 口试(初级) 的考生可以听懂并用汉语口头表达较为熟悉的日常话题，满足基本交际需求。

　　通过 HSK 口试(中级) 的考生可以听懂并用汉语较为流利地与汉语为母语者进行口头交流。

　　通过 HSK 口试(高级) 的考生可以听懂并用汉语流利地口头表达自己的见解。

　　HSK 口试各等级试题数量、考试时间见下表：

HSK 口试	试题数量 （个）	考试时间 （分钟）
HSK(初级)	27	约 17
HSK(中级)	14	约 21
HSK(高级)	6	约 24

　　HSK 口试采用录音形式，采取"听说结合""读说结合"的模式来考查考生的汉语口头表达能力。考生可根据实际水平，自由选择报考。

HSK 회화 시험 소개

　　HSK 회화시험은 응시자의 중국어회화표현능력을 측정하는 시험으로, 「HSK 초급회화」, 「HSK 중급회화」, 「HSK 고급회화」 세 가지 등급으로 나뉜다.

　　HSK 회화시험의 각 등급과 〈국제중국어능력기준〉, 〈유럽공통언어참조프레임(CEF)〉의 대응 관계는 아래 표와 같다.

HSK 회화시험	어휘량	국제중국어 능력기준	유럽공통언어참 조프레임(CEF)
HSK 고급회화	약 3000개	5급	C2
			C1
HSK 중급회화	약 900개	4급	B2
		3급	B1
HSK 초급회화	약 200개	2급	A2
		1급	A1

　　HSK 초급회화에 합격한 응시자는 익숙한 일상생활의 화제에 대해 듣고 이해할 수 있으며, 기본적인 일상회화를 진행할 수 있다.

　　HSK 중급회화에 합격한 응시자는 원어민과 교류할 때 듣고 이해할 수 있으며, 중국어로 비교적 유창하게 회화를 진행할 수 있다.

　　HSK 고급회화에 합격한 응시자는 듣고 이해할 수 있을 뿐만 아니라, 유창하게 자신의 견해를 표현할 수 있다.

　　HSK회화시험 각 등급별 문항수와 시험 시간은 아래의 표와 같다.

HSK 회화시험	문항수 (개)	시험시간 (분)
HSK 초급회화	27개	약 17분
HSK 중급회화	14개	약 21분
HSK 고급회화	6개	약 24분

　　HSK 회화시험은 녹음 형식을 채택하며, '듣기와 말하기의 결합', '읽기와 말하기의 결합'의 양식으로 수험생의 중국어회화 표현능력을 측정한다. 수험생들은 자신의 실제 수준에 따라서 자유롭게 시험등급을 선택한다.

HSK 口试 （中级)介绍

    HSK 口试 （中级）考查考生的汉语口头表达能力，它对应于《国际汉语能力标准》三、四级，《欧洲语言共同参考框架 (CEF)》B级。通过HSK 口试 （中级）的考生可以听懂并用汉语较为流利地与汉语为母语者进行交流。

一、考试对象

    HSK 口试 （中级）主要面向按每周 2-3 课时进度学习语一到两学年，掌握 900个左右常用词语的考生。

二、考试内容

HSK 口试 （中级）分三部分，共 14 题。

考试内容		试题数量（个）	考试时间（分钟）
第一部分	听后重复	10	3
第二部分	看图说话	2	4
第三部分	回答问题	2	4
共计		14	11

全部考试约21分钟 （含准备时间 10 分钟）。

第一部分，共 10 题。每题播放一个句子，考生听后重复一次。
第二部分，共 2 题。每题提供一张图片，考生结合图片说一段话。
第三部分，共 2 题。试卷上提供两个问题 (加拼音)，考生回答问题。

三、成绩报告

HSK 口试 （中级）满分 100 分，60分为合格。

满分	合格分	你的分数
100	60	

    HSK 口试成绩长期有效。作为外国留学生进入中国院校学习的汉语能力的证明，HSK 口试成绩有效期为两年 （从考试当日算起）。

HSK 口试（中级）成绩报告

国家汉办/孔子学院总部
Hanban/Confucius Institute Headquarters

新 汉 语 水 平 考 试
Chinese Proficiency Test

HSK 口试（中级）成绩报告
HSK Speaking (Intermediate) Examination Score Report

姓 名：
Name ____________________

性 别：　　　　国 籍：
Gender _________ Nationality ____________

考试时间：　　　　年　　　　月　　　　日
Examination Date _________ Year _____ Month _____ Day

编 号：
No. ____________________

满分(Full Score)	合格分(Passing Score)	你的分数(Your Score)
100	60	

主任
Director ____________________

中国 · 北京
Beijing China

HSK 회화 (중급) 소개

HSK 중급회화는 응시자의 중국어회화 표현능력을 측정하며,〈국제중국어능력기준〉3급과 4급,〈유럽공통언어참조프레임(CEF)〉B급에 해당된다. HSK 중급회화에 합격한 응시자는 중국어를 알아들을 수 있으며, 중국어를 모국어로한 사람과 유창하게 교류할 수 있다.

一、시험대상

HSK 중급회화는 주로 매주 2-3시간씩 2~4학기 정도 중국어를 공부하고, 900개의 상용 어휘를 알고 있는 수험생에 해당된다.

二、시험내용

HSK 중급회화는 3부분으로 나누어져 있으며, 모두 14문항이다.

시험내용		시험문제 수 (개)	시험시간(분)
제1부분	듣고 반복하기	10	3분
제2부분	그림을 보고 말하기	2	4분
제3부분	문제에 답하기	2	4분
합계		14	11분

전체 시험은 약 21분 소요 된다(준비시간 10분 포함).

제1부분, 모두 10문항이다. 모든 문제는 한 문장씩 들려주며, 수험생은 녹음을 들은 다음 반복해서 다시 한 번 말하면 된다.

제2부분, 모두 2문항이다. 모든 문제는 한 컷의 그림이 제시되며, 수험생은 그림에 근거하여 말하면 된다.

제3부분, 모두 2문항이다. 시험지에 두 문제(병음이 표시 되어 있음)가 제시되어 있으며, 수험생은 문제를 보고 말하면 된다.

三、성적보고

HSK 중급회화의 만점은 100 점이고, 60점이 합격이다.

만점	합격 점수	당신의 점수
100	60	

HSK성적은 장기간 유효하다. 외국인 유학생으로 중국의 대학에 진학할 때 중국어능력 증명서로 쓸 경우, 유효기간은 2년이다(시험당일부터 계산한다).

HSK 口试（中级）考试要求及过程

一、 HSK 口试 (中级) 考试要求

1．考试前，考生要通过《新汉语水平考试大纲HSK口试》等材料，了解考试形式，熟悉答题方式。
2．参加考试时，考生需要带：身份证件、准考证、2 B铅笔、橡皮

二、HSK 口试 (中级) 考试过程

1．考试开始时，主考宣布：

> 大家好！欢迎参加HSK 口试 (中级) 考试。

2．主考提醒考生(可以用考生的母语及其他有效方式)：
（1）关闭手机。
（2）把准考证和身份证件放在桌子的右上方。

3．之后，主考宣布：

> 现在请大家填写信息卡。

主考示意考生参考准考证 (可以用考生的母语及其他有效方式)，用铅笔填写信息卡上的姓名、国籍、序号、等级等信息。

信息卡

姓名＿＿＿＿＿＿　　国籍＿＿＿＿＿＿

序号＿＿＿＿＿＿

初级 □　　中级 □　　高级 □

4．之后，主考请监考发试卷。

5．试卷发完后，主考向考生解释试卷封面上的注意内容 (可以用考生的母语及其他有效方式)：

注　意

一、HSK口试（中级）分三部分：
  1 听后重复 (10题，3分钟)
  2 看图说话 (2题，4分钟)
  3 回答问题 (2题，4分钟)
二 、全部考试约21分钟 (含准备时间10分钟)。

6．之后，主考宣布：

现在开始考试。

主考提醒考生先要回答三个问题，准备第11题到14题时，可以在试卷上写提纲 (可以用考生的母语及其他有效方式)。

7．主考播放录音。

8．录音结束时，主考提醒考生检查声音是否录下 (可以用考生的母语及其他有效方式)。

9．之后，主考请监考收回考试材料。

10．主考清点考试材料后宣布：

考试现在结束。谢谢大家！再见。

HSK 회화 (중급) 시험 요구사항과 과정

一、 HSK 회화 (중급)시험 요구 사항

1. 시험 전에 《신한어수평고시 대강 HSK 회화》등 자료를 통해 시험유형을 이해
하고 답안지 작성방식을 숙지해야 한다.
2. 시험 시 지참해야 할 것: 신분증, 수험표, 2B연필, 지우개.

二、 HSK 회화 (중급)시험 과정

1. 시험을 시작할 때 주임 시험관이 다음과 같이 말한다:

> 여러분 안녕하세요! HSK회화 (중급)에 응시하신 것을 환영합니다.

2. 주임 시험관이 수험생에게 안내말씀을 한다(**수험생의 모국어 또는 기타 유효한 방식을 이용할 수 있다**).
(1) 핸드폰을 꺼주세요.
(2) 수험표와 신분증을 책상 우측 상단에 놓으세요.

3. 그리고 나서 주임 시험관이 말한다.

> 지금부터 여러분의 정보 카드를 작성하십시오.

주임 시험관은 수험생에게 수험표를 참고하여(**수험생의 모국어 또는 기타 유효한 방식을 이용할 수 있다**), 연필로 정보 카드에 이름, 국적, 수험표번호, 등급 등 정보를 적어 넣도록 한다.

정보 카드

이름_________   국적_________

수험표 번호_________

초급 ☐   중급 ☐   고급 ☐

4. 그리고 주임 시험관이 시험 감독에게 시험지를 나누어 주도록 한다.

5. 시험지를 다 나누어 준 다음, 주임 시험관이 수험생에게 시험지 표지의 주의사항을 해석해 준다(**수험생의 모국어 또는 기타 유효한 방식을 이용할 수 있다**).

주 의

一、HSK회화(중급)은 세 부분으로 나누어져 있다.
  1. 듣고 반복하기 (10문제, 3분)
  2. 그림을 보고 말하기 (2문제, 4분)
  3. 문제에 답하기 (2문제, 4분)
二、시험 총 시간은 21분이다(준비시간 10분 포함).

6. 그리고 나서 주임 시험관이 말한다:

> 지금부터 시험을 시작합니다.

  주임 시험관은 수험생에게 우선 3문제를 답하도록 안내한다. 11-14번 문제를 준비할 때 시험지에 요점을 적어도 된다.

7. 주임 시험관이 녹음을 틀어준다.

8. 녹음이 끝날 때 주임 시험관이 수험생에게 녹음이 잘 되었는지 확인하도록 한다 (**수험생의 모국어 또는 기타 유효한 방식을 이용할 수 있다**).

9. 그리고 주임 시험관은 시험 감독에게 시험자료를 거두라고 한다.

10. 주임 시험관은 시험자료를 체크하고 말한다:

> 시험을 여기서 마치겠습니다. 감사합니다!

회화 시험에 대처하는 우리의 자세

제 1 부분

듣고 반복하기: 아주 짧은 문장을 들은 다음 그 내용을 반복하면 된다. 예를 들면 他爱吃水果。그는 과일을 좋아한다.

공략법:

1) 술어를 잘 기억해 두어야 한다. 예를 들면 '他爱吃水果' 에서 '爱' 나 '吃' 중에서 하나가 빠져도 뜻이 완전히 달라지기 때문에 들을 때 술어가 틀리면 안 된다.
2) 문장의 뜻을 잘 파악한 다음 말하는 것이 좋다.
3) 잘 안 들릴 때는 병음이나 한글로 발음을 표기한 다음 말하는 것도 좋은 방법이다.

제 2 부분

그림을 보고 말하기: 한 컷의 그림을 보고 2분 동안 이야기를 해야 하며, 10분이란 준비시간이 주어지며, 메모지에 메모할 수도 있다.

공략법:

1) **이야기의 시작:** 그림을 보고 스토리를 만들 때, 우선 상상력을 발휘하여 문장을 짜임새 있게 써야 한다. 시작부분은 그림에서 보이는 내용을 바로 쓰는 것 보다 이야기의 전개를 위하여 날씨, 등장인물, 사건이 발생하게 된 이유 등을 설명하는 것이 좋다.
2) **이야기의 전개:** 그 다음은 그림에 근거하여 이야기를 재미있게 만들면 된다.
3) **이야기의 결말:** 마무리는 이야기를 통해 어떤 교훈이나 깨달음을 쓰는 것이 좋다.

제 3 부분

질문에 답하기: 이 부분의 문제는 녹음형식으로 질문하는 것이 아니라, 시험지에 적혀 있는 질문을 읽은 다음 2분간 말로 대답하면 된다. 그리고 10분이라는 준비 시간이 주어지며, 메모지에 메모할 수도 있다.

공략법:

1) 이 부분의 문제 같은 경우, 제한시간은 2분이고, 최소한 8문장 이상 말해야 한다. 물론 2분을 채우면 좋겠지만, 만약 대답할 때 틀린 문장이 많으면 안 하기보다 못하니 자신 있는 문장을 간략하게 말하는 것이 점수를 높일 수 있는 방법 중의 하나라고 할 수 있다.

2) 2분 동안 말하려면 할 말이 그렇게 많지 않다. 이럴 땐 예를 들어 이야기하는 것이 설득력이 있고, 생동감을 줄 수 있다.

3) 제한된 시간 내에 이야기를 만들어내려면 평소에 TV나 라디오를 많이 보고 듣는 것이 유리하다.

4) 어떤 일에 대한 본인의 견해를 서술할 때 대답하기 쉬운 쪽을 선택하는 것이 훨씬 유리하다.

5) 10분이란 준비시간을 충분히 활용하여, 완성된 문장을 3~4개 정도 쓴다.

6) 정식으로 녹음을 시작할 땐, 큰 소리고 자신감 있게 말한다.

第一部分 듣고 반복하기 연습
Warm up!

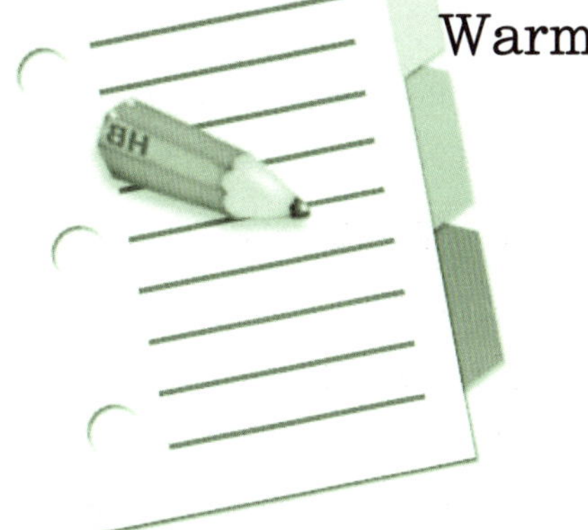

1.　上课的时候
　　上课的时候，不要发短信。

2.　晚上我们出去
　　晚上我们出去吃饭吧。

3.　请给我开一张
　　请给我开一张收据。

4.　我去过
　　我去过两次中国。

5.　这是我们班
　　这是我们班新来的同学。

6.　我爱人不让
　　我爱人不让我抽烟。

7.　请告诉我
　　请告诉我你的详细地址。

8.　我想一个人去
　　我想一个人去旅行。

9.　我弟弟刚刚
　　我弟弟刚刚大学毕业。

10.　我觉得你
　　我觉得你没必要去。

11.　我最喜欢吃的中国菜
　　我最喜欢吃的中国菜是溜三丝。

12.　我最近经常
　　我最近经常咳嗽。

　따라 읽기를 연습할 때 우선 문장의 뜻을 파악한 다음, 문장을 두 부분으로 나누어 아주 능숙할 때까지 읽는다. 마지막으로 한국어 뜻을 보면서 중국어로 동시통역을 하듯이 빠른 속도로 읽는다.

1. 수업시간에 메시지를 보내지 마세요.

2. 저녁에 우리 나가서 식사해요.

3. 영수증을 발급해 주세요.

4. 저는 중국에 두 번 간 적이 있습니다.

5. 이 학생은 우리 반에 새로 온 학생입니다.

6. 제 부인이 담배를 못 피우게 합니다.

7. 당신의 상세한 주소를 좀 알려주세요.

8. 혼자서 여행 가고 싶습니다.

9. 제 남동생은 막 대학을 졸업했습니다.

10. 저는 당신이 갈 필요가 없다고 생각합니다.

11. 제가 가장 좋아하는 중국요리는 유산슬입니다.

12. 저는 요즘 자주 기침을 합니다.

1. 我收到
   我收到你寄给我的书了。

2. 我想去
   我想去朋友家玩儿。

3. 我打算
   我打算明年退休。

4. 我要两张去北京的
   我要两张去北京的飞机票。

5. 会议资料我已经
   会议资料我已经复印好了。

6. 我们一定要
   我们一定要按时完成任务。

7. 抽烟对身体
   抽烟对身体不好。

8. 我们都很喜欢
   我们都很喜欢上汉语课。

9. 我家附近
   我家附近生活环境很好。

10. 我家的生活条件
    我家的生活条件不太好。

11. 我觉得高尔夫球比网球
    我觉得高尔夫球比网球难学。

12. 你帮我买一张
    你帮我买一张火车票吧。

따라 읽기를 연습할 때 우선 문장의 뜻을 파악한 다음, 문장을 두 부분으로 나누어 아주 능숙할 때까지 읽는다. 마지막으로 한국어 뜻을 보면서 중국어로 동시통역을 하듯이 빠른 속도로 읽는다.

1. 당신이 부쳐온 책을 받았습니다.

2. 저는 친구네 집에 놀러가려고 합니다.

3. 저는 내년에 퇴직할 예정입니다.

4. 베이징 가는 비행기 표 두 장 주세요.

5. 회의 자료는 이미 복사해 놓았습니다.

6. 우리는 반드시 제때에 임무를 완수해야 합니다.

7. 흡연은 건강에 좋지 않습니다.

8. 우리는 모두 중국어 수업을 좋아합니다.

9. 저희 집 근처는 생활시설이 아주 좋습니다.

10. 저희 집 생활여건이 그다지 좋지 않습니다.

11. 저는 골프를 배우는 것이 테니스보다 어렵다고 생각합니다.

12. 저를 도와 기차표 한 장 좀 사주세요.

1. 前边好像

   前边好像出交通事故了。

2. 我没听见

   我没听见你叫我。

3. 下次不要

   下次不要再迟到了。

4. 没想到

   没想到这里会这么热。

5. 我想借用一下

   我想借用一下你的自行车。

6. 最近我总是

   最近我总是睡不着觉。

7. 我记得你在中国

   我记得你在中国住过一段时间。

8. 下班以后我得去

   下班以后我得去接孩子。

9. 我的人际关系

   我的人际关系还可以。

10. 我的想法跟你

    我的想法跟你不一样。

11. 我喜欢穿

    我喜欢穿舒服的衣服。

12. 一年之内他已经换了

    一年之内他已经换了两份儿工作。

따라 읽기를 연습할 때 우선 문장의 뜻을 파악한 다음, 문장을 두 부분으로 나누어 아주 능숙할 때까지 읽는다. 마지막으로 한국어 뜻을 보면서 중국어로 동시통역을 하듯이 빠른 속도로 읽는다.

1. 앞에 교통사고가 난 것 같습니다.

2. 저를 부르는 것을 듣지 못했습니다.

3. 다음에 지각하지 마세요.

4. 이곳이 이렇게 더울 줄 몰랐습니다.

5. 당신에게 자전거를 빌리려고 하는데.

6. 저는 요즘 늘 잠을 잘 못잡니다.

7. 제 기억으로는 당신이 중국에서 한 동안 살았던 것 같은데.

8. 퇴근 후 아이를 데리러 가야 합니다.

9. 제 인간관계는 괜찮은 편입니다.

10. 제 생각은 당신과 다릅니다.

11. 저는 편한 옷을 입기 좋아합니다.

12. 일 년 동안 그는 이미 직장을 두 번 옮겼습니다.

1.

他	打算	明天去书店
		一个人去
		明年去美国留学
		明年五月结婚
我		跟你一起去
		和家人一起去泰国旅游

2.

他	经常	去中国出差
妈妈		送我去学校
我		去他家玩儿
老师		表扬我
她		去图书馆学习
他		给我打电话

3.

我	一点儿也不	喜欢喝酒
肚子		疼了
我对运动		感兴趣
我对他		了解
考试的时候，他		紧张
我		喜欢他

1.

그는		내일 서점에 가다
		혼자서 가다
	~할	내년에 미국으로 유학가다
	예정이다	내년 5월에 결혼하다
나는		너랑 같이 가다
		식구들이랑 태국에 여행가다

2.

그는		중국에 출장가다
엄마는		나를 학교까지 바래다주다
나는	자주	그의 집에 놀러가다
선생님은		나를 칭찬해주다
그녀는		도서관에 가서 공부하다
그는		나에게 전화하다

3.

나는		술을 좋아하다
배가		아프다
나는 운동에 대하여	조금도~	흥미가 있다
나는 그에 대해	하지 않다	알다
시험을 볼 때, 그는		긴장하다
나는		그를 좋아하다

1.

我 / 他	以为	你不会来 今天会下雨 你还没结婚 我喜欢他 我不会弹钢琴 我在开玩笑

2.

我 / 他	好像	在哪儿见过你 感冒了 来过这里 很喜欢画画儿 会开车 是在找什么东西

3.

我	听说	你要结婚了 你找到工作了 他爱人是日本人
我们	听老师说	下星期二考试 我们的成绩已经出来了 明天我们不休息

1.

나는	~인 줄 알다	당신이 안 오다
		오늘 비가 올 것이다
		당신이 결혼을 하지 않았다
		내가 그를 좋아하다
그는		내가 피아노를 칠 줄 모른다
		내가 농담하고 있다

2.

나는	~인 것 같다	당신을 어디에서 본 적이 있다
		감기에 걸렸다
		이곳에 온 적이 있다
		그림 그리는 것을 아주 좋아하다
그는		운전할 줄 알다
		무엇을 찾고 있다

3.

나는	들은 바로는	네가 곧 결혼한다
		네가 직장을 구했다
		그의 부인은 일본인이다
우리는	선생님께 들은 바로는	다음주 화요일 시험을 친다
		우리의 성적이 나왔다
		내일 우리는 쉬지 않는다

1.

我觉得

| 汉语不太难 |
| 他性格很好 |
| 下午去比较合适 |
| 这件衣服很适合你 |
| 你不应该告诉他 |
| 今天不太热 |

2.

请告诉我

| 你的手机号码 |
| 你的电子邮件地址 |
| 您的护照号码 |
| 你家的地址 |
| 明天在哪儿集合 |
| 该怎么做 |

3.

你		记住妈妈说的话
你		考上大学
我	一定要	说服爸爸
大家		注意安全
我们		抓紧时间
我们		认真学习

1.

나는~라고 생각하다

중국어가 그다지 어렵지 않다
그의 성격이 아주 좋다
오후에 가는 것이 적합하다
이 옷이 너에게 잘 어울린다
네가 그에게 알려주지 말았어야 하는데
오늘은 그다지 덥지 않다

2.

나에게 알려주다

당신의 핸드폰 번호
당신의 이메일주소
당신의 여권번호
당신의 집주소
내일 어디에서 집합하는지
어떻게 해야 하는지

3.

너는		어머니의 말씀을 기억하다
너는		대학에 붙다
나는	반드시~	아빠를 설득하다
여러분	해야 한다	안전에 유의하다
우리는		서둘러 하다
우리는		열심히 공부하다

중국어에서 시간명사는 주어 앞이나 뒤에 모두 올 수 있으며, 부사는 주어 뒤에 와
야 한다.

시간명사 + 주어 + (시간명사) + 술어 + 목적어

1.	我们下星期二考试。
2.	明天我去日本出差。
3.	下午两点开会。
4.	这个周六我有约会。
5.	我明天比较忙。

주어 + 부사 + 술어 + 목적어

6.	他经常迟到。
7.	老师已经走了。
8.	我马上就到家了。
9.	我们都是公务员。
10.	你也来参加吧。

시간명사 + 주어 + (시간명사) + 술어 + 목적어

1. 우리는 다음주 화요일에 시험을 칩니다.

2. 내일 저는 일본에 출장갑니다.

3. 오후 2시에 회의를 합니다.

4. 이번 주 토요일에 제가 약속이 있습니다.

5. 저는 내일 비교적 바쁩니다.

주어 + 부사 + 술어 + 목적어

6. 그는 자주 지각합니다.

7. 선생님은 이미 가셨습니다.

8. 제가 곧 집에 도착합니다.

9. 우리는 모두 공무원입니다.

10. 당신도 참가하세요.

'打算, …할 예정이다' 뒤에는 동사가 와도 되고, 술어와 목적어로 구성된 동목구가 와도 된다. 주의할 점은 '打算' 뒤에 동목구가 올 경우, 시간명사가 '打算' 앞에 오면 안 되고, '打算' 뒤에 와야 한다. 그 이유는 여기의 시간명사는 '打算' 뒤에 오는 동작이 발생하는 시간을 나타내기 때문이다. 그리고 '打算' 은 거의 확정된 일이고, '想, …하려고 하다. …하고 싶다' 는 확정된 것이 아니라, 본인의 생각뿐이다.

打算 + 동사

1. 我打算去。

2. 我打算买。

打算 + 시간명사 + 술어 + 목적어

3. 我打算明年结婚。

4. 我们打算明年要孩子。

想 + 동사

5. 我很想去。

想 + 시간명사 + 술어 + 목적어

6. 我想明天去买书。

打算 + 동사

1. 저는 갈 예정입니다.

2. 저는 살 예정입니다.

打算 + 시간명사 + 술어 + 목적어

3. 저는 내년에 결혼할 예정입니다.

4. 저희는 내년에 아이를 가질 예정입니다.

想 + 동사

5. 저는 아주 가고 싶습니다.

想 + 시간명사 + 술어 + 목적어

6. 저는 내일 책을 사러 가려고 합니다.

‘给’가 ‘…에게’란 뜻으로 쓰일 때 여러 가지 관용구를 구성한다. 예컨대, ‘给我打电话／买东西’, ‘…给我留下了…的印象’. 그리고 ‘给’은 ‘주다’란 뜻으로 쓰일 때는 ‘给+사람+물건’의 형식을 취한다.

给 + 人 + 동사

1. 到家以后我给你打电话。

2. 我男朋友给我买了一个钱包。

3. 到美国以后别忘了给我写信。

4. 请给我照张相。

5. 我每个月都给父母寄钱。

给 + 人 + 留下了 + …的印象

6. 中国给我留下了很好的印象。

7. 她给我留下了很深的印象。

给 + 人 + 명사

8. 请给我一杯咖啡。

9. 他给了我很大的帮助。

给 + 人 + 동사

1. 집에 도착하면 전화드릴게요.

2. 제 남자친구가 저에게 지갑을 사주었습니다.

3. 미국에 가면 편지하는 것 잊지 마세요.

4. 사진 좀 찍어 주세요.

5. 저는 매달 부모님께 돈을 부칩니다.

给 + 人 + 留下了 + 的印象

6. 중국은 저에게 아주 좋은 인상을 주었습니다.

7. 그녀는 저에게 아주 깊은 인상을 주었습니다.

给 + 人 + 명사

8. 커피 한 잔 주세요.

9. 그는 저에게 아주 큰 도움을 주었습니다.

第二部分 그림보고 말하기
기초 다지기

1.

女孩儿是男人的部下，女孩儿多次对他表示出了好感，男人都巧妙地拒绝了。男人知道，年轻女孩儿的心是一张空白的纸，他没有资格在上面留下任何墨迹。

女孩儿手里提着很多东西，还有一瓶红酒，站在了男人的家门口。男人说："那我下厨吧。"女孩儿说："不用"，便在厨房里忙了起来。过了一会儿，女孩儿做好了饭菜。女孩儿喝了一瓶红酒，说头晕，就倒在了男人怀里，女孩儿在他的床上睡着了，他轻轻地带上了门。男人喝着啤酒，不停地换着频道，他分明听到了女孩轻微的呼吸，但是，他让自己的心冷静、再冷静。

爱是需要付出代价的，如果不爱，或无法承受，那么就别轻易将自己的心打开。诱惑和寂寞，本不是爱的理由。

이야기의 시작: 그림을 보고 스토리를 만들 때, 우선 상상력을 발휘하여 문장을 짜임새 있게 만들어야 한다. 시작부분은 그림에서 보이는 내용을 쓰는 것 보다 이야기의 전개를 위하여 날씨, 등장인물, 사건이 발생하게 된 이유 등을 설명하는 것이 좋다.

이야기의 전개: 그 다음은 그림에 보이는 내용을 말하면 된다.

이야기의 결말: 마무리는 이야기를 통해 어떤 교훈이나 깨달음을 말하는 것이 좋다.

단어

部下 bùxià 부하 | 表示 biǎoshì 나타내다 | 好感 hǎogǎn 호감 | 巧妙 qiǎomiào 교묘하다 | 拒绝 jùjué 거절하다 | 空白 kòngbái 공백 | 纸 zhǐ 종이 | 资格 zīgé 자격 | 任何 rènhé 어떠한 | 墨迹 mòjì 묵적, 먹으로 쓴 흔적 | 提 tí (손잡이나 끈이 있는 물건을) 들다 | 红酒 hóngjiǔ 레드 와인 | 下厨 xiàchú (주방에 가서) 음식을 만들다 | 头晕 tóuyūn 머리가 어지럽다 | 倒 dǎo 쓰러지다 | 怀 huái 가슴, 품 | 轻轻 qīngqīng 조용하다 | 带上门 dàishangmén 문을 닫다 | 不停 bùtíng 계속해서 | 频道 píndào 채널 | 分明 fēnmíng 뚜렷하다 | 轻微 qīngwēi 약하다 | 呼吸 hūxī 호흡하다 | 冷静 lěngjìng 침착하다 | 付出 fùchū 지급하다, 지불하다 | 代价 dàijià 대가 | 无法 wúfǎ 할 수 없다 | 承受 chéngshòu 감당하다 | 轻易 qīngyì 경솔하다 | 将 jiāng ~을 ('把' 처럼 목적어를 동사 앞에 전치시킬 때 쓰임) | 诱惑 yòuhuò 유혹하다 | 寂寞 jìmò 외롭다, 쓸쓸하다 | 本 běn 원래, 본래

번역

　여자는 남자의 부하 직원이었다. 여자는 남자에게 여러 번 호감을 표했지만 남자는 그 때마다 교묘하게 거절했다. 남자는 젊은 여인의 마음은 한 장의 백지 같아서 그 위에 어떠한 흔적도 남길 자격이 없음을 잘 알고 있다.

　여자는 손에 많은 물건과 와인을 한 병 들고 남자의 집 문 앞에 서 있었다. 남자가 "그럼 요리는 내가할게." 라고하자 여자가 "괜찮아요." 라고 하면서 주방에서 분주히 요리를 하였다. 잠시 후 여자는 음식을 다 만들었다. 여자는 와인을 한 병 마시더니 머리가 어지럽다고 하면서 남자의 품에 쓰러졌다. 여자가 남자의 침대에서 잠들자 남자는 조용히 방문을 닫았다. 남자는 맥주를 마시면서 끊임없이 채널을 바꾸었다. 그는 분명히 여자의 가벼운 숨소리를 들었지만 자신의 마음을 진정 또 진정시켰다.

　사랑은 대가를 지불해야 한다. 만약 사랑하지 않거나 감당할 수 없다면 쉽게 자신의 마음을 열어서는 안 된다. 유혹과 외로움은 본래부터 사랑의 이유가 될 수 없다.

2.

　　今天阳光特别好，所以我一个人出来散步，当我走在大街上的时候，看到了一个献血站，而且人还不少，所以我也决定去献血。医生让我先填表，然后给我量了血压，血压正常，可是心跳超快。验血的时候医生好像有点儿紧张了，扎了一下，但是失败了，所以又扎了一下。医生抱歉地说："不好意思。"然后我在外面等化验结果，结果出来了，说可以献了。我躺在病床上，针扎进血管的时候一点也没有感觉，可能是因为这已经不是第一次的缘故吧。我说："医生，能不能献400cc？"医生说："考虑到献血人的身体健康和承受能力，一次只能献200cc。"献完血以后整个下午迷迷糊糊的，头也晕，可能是献过血的缘故吧。

　　其实献血，对一个健康的人来说，并不会有什么不好的影响，但却能帮助那些病危的人，何乐而不为呢?

이야기의 시작: 이 문제 같은 경우 보이는 그대로 쓰면 된다. 시작 부분은 헌혈을 하게 된 계기로 시작해도 되고, 대학교 혹은 군대에서 헌혈했던 상황설명으로 시작해도 된다.

이야기의 전개: 그 다음은 헌혈하는 과정을 서술하면 된다.

이야기의 결말: 마무리는 헌혈의 이점 혹은 헌혈에 동참하길 바란다는 말로 끝내면 된다.

단어

阳光 yángguāng 햇빛 | 献血 xiànxuè 헌혈하다 | 填表 tiánbiǎo 표를 작성하다 | 量 liáng 재다, 측정하다 | 血压 xuèyā 혈압 | 认出 rènchū 알아내다 | 验血 yànxuè 혈액 검사를 하다 | 扎 zhā 찌르다 | 抱歉 bàoqiàn 미안해하다 | 化验 huàyàn 화학 실험을 〔분석을·검사를〕 하다 | 献 xiàn 바치다 | 躺 tǎng 눕다 | 针 zhēn 주사바늘 | 血管 xuèguǎn 혈관 | 缘故 yuángù 원인, 이유 | 承受 chéngshòu 감당하다 | 迷迷糊糊 mímihūhū 혼미하다 | 病危 bìngwēi 병세가 위중〔위독〕하다 | 何乐而不为 hélè'érbùwéi 무엇 때문에 …하기 싫어 하겠는가?

번역

오늘은 햇빛이 너무 좋아 나는 혼자 밖으로 나와 산책을 했다. 대로변을 걷고 있을 때, 헌혈의 집을 보았다. 헌혈하는 사람이 많아 보여 나도 헌혈하기로 결심하였다. 의사는 나더러 신청서를 쓰게 하고 혈압을 쟀다. 혈압은 정상이었으나 심장박동이 너무 빨랐다. 혈액 검사를 할 때 의사는 좀 긴장한 듯 주사바늘로 한 번 찔렀는데 실패하여 다시 한 번 찔렀다. 의사는 미안해하면서 "죄송해요." 라고 하였다. 얼마 후 혈액검사 결과가 나왔고 헌혈할 수 있다고 하여 나는 침대에 누웠다. 주사바늘이 혈관을 찌를 때 조금도 아프지 않았다. 아마도 이번이 처음이 아닌 까닭일 것이다. 나는 "선생님, 혹시 400cc를 뽑을 수 있나요?" 라고 하자 의사 선생님은 "헌혈하는 사람의 건강과 수용한도를 고려하여 한번에 200cc만 헌혈할 수 있습니다." 라고 하였다. 헌혈 후 오후 내내 정신이 흐릿하고 어지러웠다. 아마도 헌혈했기 때문일 것이다.

실은 헌혈이라는 것은 건강한 사람에게는 결코 어떠한 나쁜 영향도 없다. 오히려 병세가 위험한 사람들에게는 도움이 될 수 있으니 어찌 즐겨하지 않겠는가?

第三部分 질문에 답하기
기초 다지기

1.
Qǐng jièshào yí jiàn nǐ zuì xǐhuan zuò de shì.
请 介绍 一 件 你 最 喜欢 做 的 事。

　　我的兴趣很广泛，爱读书、爱弹钢琴……不过下功夫最大的要数画画儿了。无论春夏秋冬，无论在家还是在学校，只要一有空我就拿起画笔，勾个小人儿，画片树叶儿，凡自己有兴趣的什么都画；在地上画，在纸上画，有时还在书本上画。

　　画画儿使我觉得世界上有那么多美好的事物，使我学会了更加仔细地观察生活，以前写作文时总觉得无话可说，现在打开作文本，就像打开画纸一样，绚丽多彩的今天，光辉灿烂的明天，我都要把它们画出来、写出来。尽管画画儿使我比别的同学忙一些，但忙中有乐啊！

해법: 　회화시험은 순발력과 상상력이 가장 중요하다. 따라서 질문을 보고 대답할 때, 제한된 시간 내에 계속해서 말을 하려면, 꼭 실제상황이 아니더라도 좋으니 자신이 아는 단어를 충분히 활용하여 문장을 만들면 된다. 이 문제 같은 경우, 좋아하는 일은 무조건 자신이 아는 단어로 대체한다. 그 다음 그 중에서 말하기 쉬운 일을 선택하여 자세하게 말하면 된다.

시험대비 외워두면 유용하게 쓸 수 있는 관용구

다음은 취미, 좋아하는 음식, 계절 등에 대해 소개할 때 유용하게 쓸 수 있는 표현들이다.

1. 我喜欢唱歌、跳舞、画画儿、弹钢琴…，其中我最喜欢的是…
   저는 노래하고, 춤을 추고, 그림을 그리고, 피아노 치는 것을 좋아합니다. 그 중 제가 가장 좋아하는 것은 …

2. 我喜欢吃面条、面包、饺子…，其中我最喜欢吃的是…
   저는 국수, 빵, 만두를 좋아합니다. 그 중 제가 가장 좋아하는 것은…

3. 一年四个季节我都喜欢，不过我最喜欢的季节是…
   저는 1년 4계절을 모두 좋아합니다. 그러나 제가 가장 좋아하는 계절은…

단어 兴趣 xìngqù 흥미, 취미 | 广泛 guǎngfàn 폭넓다 | 下功夫 xiàgōngfu 노력하다 | 无论 wúlùn …든지 | 画笔 huàbǐ 화필, 그림붓 | 勾 gōu 스케치하다 | 树叶 shùyè 나뭇잎 | 凡 fán 모든 | 美好 měihǎo 아름답다 | 仔细 zǐxì 세심하다 | 观察 guānchá 관찰하다, 살피다 | 无话可说 wúhuàkěshuō 할 말이 없다 | 作文本 zuòwénběn 작문 책 | 画纸 huàzhǐ 도화지 | 绚丽 xuànlì 화려하고 아름답다 | 多彩 duōcǎi 다채롭다 | 光辉灿烂 guānghuīcànlàn 빛이 찬란하여 눈부시다 | 尽管 jǐnguǎn 비록〔설령〕…라 하더라도 | 忙中有乐 mángzhōngyǒulè 바쁘지만 즐거움이 있다

번역 당신이 가장 하기 좋아하는 일을 소개해 보세요.

　나는 취미가 아주 많다. 책 읽기를 좋아하고 피아노 치는 것도 좋아한다. 하지만 공을 가장 많이 들이는 것은 역시 그림 그리기를 꼽아야 할 것 같다. 봄·여름·가을·겨울을 막론하고, 집에서든, 학교에서든 짬만 나면 곧 연필을 들고 스케치하거나 나뭇잎을 그리곤 한다. 내가 관심 있는 것은 무엇이든 모두 그린다. 바닥과 종이에, 때로는 책에도 그린다.

　그림 그리는 것은 나로 하여금 세상에 많은 아름다운 것들이 있다는 것을 느끼게 해주고, 일상을 더 세심하게 관찰하는 것을 배우게 하였다. 예전에 작문할 때 늘 할 말이 없다는 느낌이 들었는데, 지금은 작문 책을 펼치면 마치 도화지를 펼쳐놓은 듯 현란하고 눈부신 오늘을, 휘황찬란한 내일을 모두 그려내고 써내고 싶다. 비록 그림 그리기가 나를 다른 친구들보다 조금은 바쁘게 하지만 바쁨 속에 즐거움이 있다.

1. 对~很感兴趣	**1. ~에 흥미가 있다**
我对贵公司的产品很感兴趣。 我对运动很感兴趣。	저는 귀사의 제품에 흥미가 있습니다. 저는 운동에 흥미가 많습니다.
2. 对~很(不)满意	**2. ~에 대해 만족하다(만족하지 않다)**
我对我的工作很满意。 我们公司的老板对我不太满意。	저는 저의 일에 대해 만족합니다. 저희 회사 사장님은 저에 대해 그다지 만족스 러워하지 않습니다.
3. 对~很好(不好)	**3. ~에 좋다(안 좋다)**
抽烟对身体不好。 他对我很好。	흡연은 건강에 안 좋습니다. 그는 나에게 잘해줍니다.
4. 对~说	**4. ~에게 말하다**
他对我说他已经结婚了。 我对老师说："我身体有点儿不舒服，所 以想早点儿回家。"	그는 나에게 결혼했다고 했습니다. 나는 선생님께 "몸이 좀 불편해서 조금 일찍 집에 들어가고 싶습니다." 라고 말했다.
5. 跟~谈	**5. ~와 얘기하다**
你跟他谈一谈吧。 我跟他谈过了。	그와 얘기를 좀 해보세요. 저는 그 사람과 이야기를 나눴습니다.
6. 跟~关系很(不)好	**6. ~와 사이가 좋다(안 좋다)**
我跟我们同事关系很好。 我跟他关系不太好。	저는 동료들과 사이가 좋습니다. 저는 그 사람과 사이가 안 좋습니다.
7. 跟~借钱	**7. ~에게 돈을 빌리다**
我跟朋友借了100万元。 他跟亲戚借了很多钱。	저는 친구에게 돈을 100만원 빌렸습니다. 그는 친척들에게 많은 돈을 빌렸습니다.

8. 跟~见面(约好)

跟朋友见面的时候一般都做些什么?
我跟他约好了明天下午5点在咖啡厅见面。

8. ~와 만나다(약속하다)

친구와 만났을 때 보통 무엇을 합니까?
그 사람과 내일 오후 5시 커피숍에서 만나기로
약속했어요.

9. 跟~没关系

这件事情跟我没关系。
我的工作跟我的专业没什么关系。

9. ~와 관계가 없다.

이 일은 저와 상관이 없습니다.
제 업무는 제 전공과 관련이 없습니다.

10. 跟~一样(差不多)

我的想法跟你不一样。
北京的气温跟首尔差不多。

10. ~와 같다(비슷하다)

제 생각은 당신과 다릅니다.
베이징의 기온은 서울과 비슷합니다.

11. 跟~住在一起

我跟父母住在一起。
他不跟父母住在一起。

11. ~와 함께 살다

저는 부모님과 함께 삽니다.
그는 부모님과 함께 살지 않습니다.

12. 给~打电话

昨天我给你打了两次电话。
到家以后给我打电话吧。

12. ~에게 전화하다

어제 당신에게 전화를 두 번이나 했습니다.
집에 도착하면 저에게 전화해 주세요.

13. 给+人+买+东西

我给妈妈买了一件毛衣。
这是我男朋友给我买的。

13. ~에게 ~물건을 사주다

저는 어머니께 스웨터를 하나 사드렸습니다.
이것은 제 남자친구가 사준 것입니다.

14. 动词+给+人

我交给老师了。
你能不能借给我5万块钱?

14. ~에게 ~하다

선생님께 제출했습니다.
저에게 5만원을 빌려주실 수 있습니까?

15. A是A，不过~	15. ~지만, 그러나

百货商店里的衣服好是好，不过太贵了。
汉语难是难，不过很有意思。

백화점 옷이 좋긴 좋은데, 너무 비싸다.
중국어가 어렵지만 재미있다.

16. 可以~，也可以~	16. ~해도 되고 ~해도 된다

你可以坐32路公共汽车，也可以打车去。
你可以去，也可以不去。

32번 버스를 타도되고, 택시를 타도된다.
당신이 가도 되고, 안 가도 됩니다.

17. 不是~就是~	17. ~하지 않으면 ~한다

你每天晚上不是喝酒，就是加班。
我每个周末不是去登山，就是在家里看电视。

당신은 매일 저녁에 술을 마시지 않으면 야근하잖아요.
나는 주말마다 등산을 하지 않으면 집에서 TV를 본다.

18. 还是~吧	18. 그래도 ~하는 편이 낫다

周末塞车，还是坐火车去吧。
我劝你呀，还是戒烟吧。

주말에 차가 막히니 기차를 타고 갑시다.
제가 충고하는데 담배를 끊으세요.

19. 从~到~	19. ~에서 ~까지

从你家到你们单位开车要多长时间？
我们公司从中午12点到下午1点休息。
从首尔到釜山大概有多少公里？

당신의 집에서 회사까지 차로 몇 시간 걸립니까?
저희 회사는 점심 12부터 1시까지 쉽니다.
서울에서 부산까지 몇 킬로미터입니까?

21. 主语+先+动词	21. 주어+우선(먼저)+동사

你先吃饭吧。
我先去把车开过来。

먼저 식사하세요.
제가 우선 가서 차를 가져올게요.

22. 让+人+动词	22. ~을 하게 하다

科长让我去中国出差。
妈妈让我去市场买菜。
大夫不让我抽烟。

과장님은 나에게 중국으로 출장 가라고 했다.
엄마는 나에게 시장에 야채사러 가라고 했다.
의사 선생님은 나에게 담배를 피우지 말라고 했다.

23. 忘了+动词	23. ~하는 것을 잊었다
忘了带雨伞。 忘了写作业。	우산 가지고 오는 것을 잊었습니다. 숙제하는 것을 깜박했습니다.

24. 落在（放在，停在）+场所	24. ~에 빠뜨리다(놓다, 세우다)
钱包落在汽车里了。 放在我办公桌上吧。 停在地下停车场了。	지갑을 차에 빠뜨렸습니다. 제 테이블 위에 놓으세요. 지하 주차장에 세워 놓았습니다.

25. 我帮你+动词	25. 제가 당신을 도와~을 해 드리겠습니다.
我帮你打扫房间。 我帮你洗衣服。	제가 방 청소 하는 것을 도와드릴게요. 제가 옷을 빨아드릴게요.

26. 我请你+动词	26. 제가 한턱 내겠습니다.
我请你看电影。 我想请你吃饭。	제가 영화를 보여드릴게요. 제가 당신에게 식사를 대접할게요.

27. 动词+过+数量词+名词	27. 동사+过+수량사+명사
我去过两次中国。 他喝了三瓶酒。 我看了两个小时电视。	저는 중국에 두 번 간 적이 있습니다. 그는 맥주를 세 병 마셨습니다. 저는 TV를 두 시간동안 봤습니다.

28. 动词+完+名词+以后	28. ~을 한 다음
买完东西以后，去吃饭吧。 看完电影以后，我们又去网吧玩儿游戏了。	쇼핑을 한 다음, 식사하러 갑시다. 영화를 본 다음, 우리는 또 PC방에 가서 게임을 했습니다.

29. 是~的	29. 과거의 어떤 동작이 발생한 시간·장소·행위의 방식 등을 나타냄
我是8点来的。 我是坐飞机来的。 我是从韩国来的。	저는 8시에 왔습니다. 저는 비행기를 타고 왔습니다. 저는 한국에서 왔습니다.

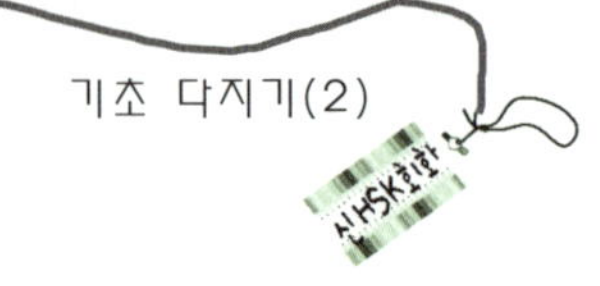

30. 虽然 ~ 但是~	**30. 비록 ~하지만, 그러나**

百货商店里的东西虽然很贵，但是质量非常好。
虽然他个子矮，但是篮球打得非常好。

백화점 물건은 비록 비싸지만, 품질은 아주 좋습니다.
그는 비록 키가 작지만, 농구는 아주 잘합니다.

31. 因为~所以~	**31. ~때문에 ~하다**

因为感冒了，所以没去上班。
因为路上堵车，所以迟到了十分钟。

감기에 걸렸기 때문에 출근을 하지 않았습니다.
길이 막혀서 10분 늦었습니다.

32. 如果~就~	**32. 만약~하면~하다**

如果明天不下雨，我们就去爬山。
如果你不想去的话，那就算了。

만약 내일 비가 안 오면 우리 등산하러 갑니다.
당신이 가기 싫으면 됐어요.

33. 比如说	**33. 예를 들면**

周末你应该帮帮你爱人，比如说，打扫房间、洗衣服、扔垃圾等。
他很喜欢运动，比如说，打乒乓球、游泳等。

주말에는 부인을 좀 도와줘야 합니다. 예를 들면 방청소, 빨래, 쓰레기 버리는 일 등입니다.
그는 운동을 아주 좋아합니다. 예를 들면 탁구, 수영 등입니다.

34. 一点儿也不(没)	**34. 조금도 ~하지 않다(않았다)**

我对网络游戏一点儿也不感兴趣。
你还是老样子，一点儿也没变。

저는 인터넷게임에 대해 조금도 흥미가 없습니다.
당신은 그대로세요. 조금도 변하지 않았습니다.

新 汉 语 水 平 考 试 题

HSK 口试（中级）模拟试题
第 一 套

注　　意

一、HSK 口试（中级）分三部分：

1. 听后重复（10题，3分钟)

2. 看图说话（2题，4分钟)

3. 回答问题（2题，4分钟）

二、全部考试约21分钟（含准备时间10分钟）。

第 一 部 分

第 1–10 题：听后重复

第 二 部 分

第 11–12 题：看图说话

11.（2 分钟）

12.（2 分钟）

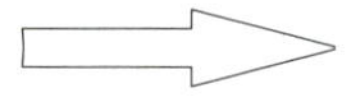

第 13–14题：回答问题

Nǐ   yìbān   xǐhuan   qù   nǎr   mǎi   dōngxi?   Wèishénme?
13. 你   一般   喜欢   去   哪儿   买   东西?   为什么?（2分钟）

Nǐ   juéde   xuéxí   Hànyǔ   de   zuì   hǎo   fāngfǎ   shì   shénme?
14. 你   觉得   学习   汉语   的   最   好   方法   是   什么?（2分钟）

新 汉 语 水 平 考 试 题

HSK 口试（中级）模拟试题
第 二 套

注　　意

一、HSK 口试（中级）分三部分：

　　1. 听后重复（10题，3分钟)

　　2. 看图说话（2题，4分钟)

　　3. 回答问题（2题，4分钟）

二、全部考试约21分钟（含准备时间10分钟）。

第 一 部 分

第 1-10题：听后重复

第 二 部 分

第 11-12题：看图说话

11.（2 分钟）

12.（2 分钟）

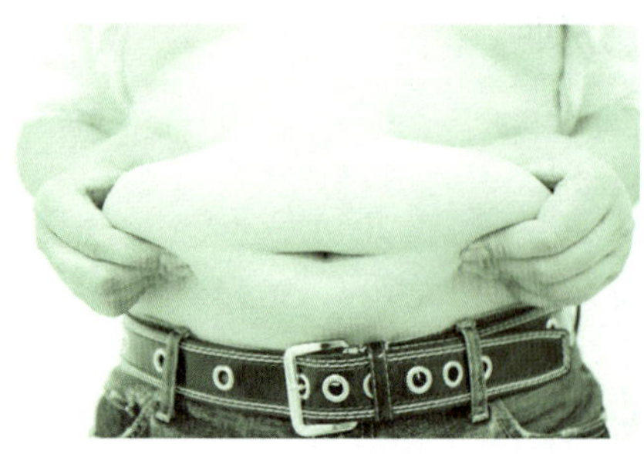

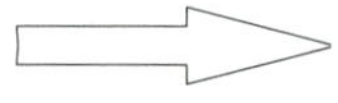

<h1 style="text-align:center">第 三 部 分</h1>

第 13－14题： 回答问题

Jiěchú yālì de zuì hǎo fāngfǎ shì shénme?
13. 解除 压力 的 最 好 方法 是 什么? （2分钟）

Nǐ rènwéi shénmeyàng de lǎoshī cái shì hǎo lǎoshī? Qǐng tán yì tán nǐ de guāndiǎn.
14. 你 认为 什么样 的 老师 才 是 好 老师? 请 谈 一 谈 你的 观点。

（2分钟）

新汉语水平考试题

HSK 口试（中级）模拟试题
第 三 套

注　　意

一、HSK 口试（中级）分三部分：

　　1．听后重复（10题，3分钟)

　　2．看图说话（2题，4分钟)

　　3．回答问题（2题，4分钟）

二、全部考试约21分钟（含准备时间10分钟）。

第 一 部 分

第 1–10 题： 听后重复

第 二 部 分

第 11–12 题： 看图说话

11.（2 分钟）

12.（2 分钟）

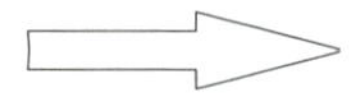

第 三 部 分

第 13-14题：回答问题

    Nǐ juéde jiǎnféi de zuì hǎo fāngfǎ   shì shénme?
13. 你 觉得 减肥 的 最 好 方法 是 什么？（2分钟）

    Nǐ rènwéi xiǎoxuéshēng xūyào shǒujī ma? Qǐng shuōmíng yíxia lǐyóu.
14. 你 认为 小学生 需要 手机 吗？请 说明 一下 理由。（2分钟）

新 汉 语 水 平 考 试 题

HSK 口试（中级）模拟试题
第 四 套

注　　意

一、HSK 口试（中级）分三部分：

　　1．听后重复（10题，3分钟)

　　2．看图说话（2题，4分钟)

　　3．回答问题（2题，4分钟）

二、全部考试约21分钟（含准备时间10分钟）。

第 一 部 分

第 1–10 题： 听后重复

第 二 部 分

第 11–12 题： 看图说话

11.（2 分钟）

12.（2 分钟）

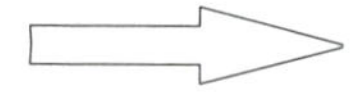

第 13-14题：回答问题

Shāngxīn de shíhou, nǐ yìbān zuò shénme?
13. 伤心　　的　时候，你　一般　做 什么？　（2分钟）

Xuǎnzé zhíyè de shíhou, nǐ shǒuxiān kǎolǜ　shénme?　wèishénme?
14. 选择　职业 的　时候，你 首先　考虑　什么？　　为什么？　（2分钟）

新 汉 语 水 平 考 试 题

HSK 口试（中级）模拟试题
第 五 套

注 意

一、HSK 口试（中级）分三部分：

    1. 听后重复（10题，3分钟)

    2. 看图说话（2题，4分钟)

    3. 回答问题（2题，4分钟）

二、全部考试约21分钟（含准备时间10分钟）。

第 一 部 分

第 1–10题：听后重复

第 二 部 分

第 11–12题：看图说话

11.（2 分钟）

12.（2 分钟）

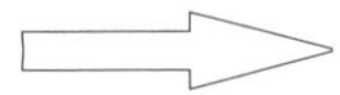

第 三 部 分

第 13-14题： 回答问题

Jiéhūn niánlíng yuèláiyuè wǎn, nǐ juéde duō dà niánlíng jiéhūn bǐjiào hǎo?
13.结婚　年龄　　越来越　　晚，你　觉得　多　大　年龄　结婚　比较　好?

（2分钟）

Nǐ juéde chī zhōngyào hǎo háishi chī xīyào hǎo?
14.你　觉得　吃　中药　　好　还是　吃　西药　好?　（2分钟）

新 汉 语 水 平 考 试 题

HSK 口试（中级）模拟试题
第 六 套

注　　意

一、HSK 口试（中级）分三部分：

　　1. 听后重复（10题，3分钟)

　　2. 看图说话（2题，4分钟)

　　3. 回答问题（2题，4分钟）

二、全部考试约21分钟（含准备时间10分钟）。

第 一 部 分

第 1–10 题：听后重复

第 二 部 分

第 11–12 题：看图说话

11.（2 分钟）

12.（2 分钟）

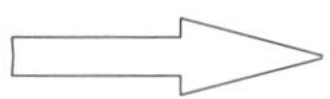

第 三 部 分

第 13-14题：回答问题

    Qǐng   jiǎndān jièshào yíxia nǐmen guójiā de shǒudū.
13.请   简单   介绍   一下   你们   国家   的 首都。（2分钟）

    Zěnyàng cái néng zhǎodào zìjǐ xǐhuan de   gōngzuò?
14.怎样   才   能   找到   自己 喜欢 的   工作?   （2分钟）

신HSK 회화 중급 공략 실전 모의고사 1회 정답 및 해설

第 1–10题: 听后重复

1.   我最近每天都锻炼身体。

2.   我觉得你不应该去。

3.   你们一定要提前一点儿到。

4.   你告诉大家明天上午九点开会。

5.   过春节的时候，我们公司休息七天。

6.   我不明白你的意思。

7.   我没听清楚你说的话。

8.   在公共场所请不要大声说话。

9.   你要的东西我已经准备好了。

10.   他是一个非常细心的人。

1.
저는 요즘 매일 신체단련을 합니다.
해설 '最近'은 시간명사이기 때문에 주어 앞이나 뒤에 모두 올 수 있으나, '每天都'은 부사어이기 때문에 술어동사 앞에 와야 한다.

2.
저는 당신이 가지 말아야 한다고 생각합니다.
해설 주어와 술어로 구성된 주술구조 즉 '你不应该去'가 '觉得'의 목적어가 된 것이다.

3.
여러분들은 반드시 조금 먼저 도착해야 합니다.
해설 '一定'은 부사이기 때문에 주어 뒤에 온 것이다.

4.
내일 오전 9시에 회의를 한다고 통지하세요.
해설 술어 '告诉'는 간접목적어 '大家'와 직접목적어 '明天上午九点开会'를 함께 동반한 것이다.

5.
설날에 저희 회사는 7일간 쉽니다.
해설 '七天'은 수량보어이기 때문에 동사 '休息' 뒤에 온 것이다.

6.
저는 당신의 뜻을 잘 모르겠습니다.
해설 '明白'의 부정은 '不明白'이며, '没明白'라는 말은 없다.

7.
당신이 한 말을 확실하게 듣지 못했습니다.
해설 '听清楚了'의 부정은 '没听清楚'이다.

8.
공공장소에서 큰소리로 말하지 마세요.
해설 '请不要'은 '~하지 마세요'란 뜻을 나타낸다.

9.
당신이 필요한 물건을 제가 이미 준비해 놓았습니다.
해설 원래 '你要的东西'가 목적어인데, 강조하기 위하여 문장의 맨 앞에 온 것이다.

10.
그는 아주 세심한 사람입니다.
해설 수식어가 여러 개일 경우 '수사 + 양사 + 형용사 + 的 + 중심어'의 형식을 취한다.

第 11–12题：看图说话

11.

　　我有一个非常要好的朋友，他今年五月刚结婚，他请我去他家做客，因此我买了些礼物来到了他家。他爱人非常热情，已经做好了饭菜，呵！满满一桌子，丰盛极了。我朋友拿出了一瓶法国白兰地对我说："这是我去法国出差的时候买的，你尝尝。"他爱人连连给我夹菜，我不停地说："谢谢！谢谢！"不一会儿，我的碗里放了满满一碗菜，鸡呀，鱼呀，青菜呀，都混到了一块儿，盛情难却，我只好拼命地吃，但我碗里的菜越吃越多，他爱人一边给我夹菜一边说："没有什么好吃的，请不要客气，多吃点儿！"那天我回家之后，觉得肚子很难受，第二天我去药店买了点儿消化药吃才好了一些。

단어　　要好 yàohǎo 친하다 | 满满 mǎnmǎn 가득하다 | 丰盛 fēngshèng 풍성하다 | 法国白兰地 Fǎguóbáilándì 프랑스산 브랜디 | 连连 liánlián 계속해서 | 夹 jiā 집다 | 不停 bùtíng 계속해서 | 碗 wǎn 그릇 | 青菜 qīngcài 야채 | 混 hùn (뒤)섞다 | 盛情难却 shèngqíngnánquè 남의 후의를 거절하기 어렵다 | 拼命 pīnmìng 기를 쓰다 | 难受 nánshòu (몸이) 불편하다 | 消化药 xiāohuàyào 소화제

번역　　저에겐 아주 친한 친구가 한 명 있는데, 올 5월에 결혼을 했습니다. 그 친구가 저를 집으로 초대해서 선물을 사들고 친구의 집에 갔습니다. 친구의 부인은 아주 친절했고 이미 요리를 다 해 놓아 식탁이 가득 찰 정도로 아주 풍성했습니다. 친구가 프랑스산 브랜디를 꺼내들고 "이것은 내가 프랑스에 출장 갔을 때 사온 것인데, 맛 좀 보자"라고 말했습니다. 친구의 부인은 계속해서 저에게 요리를 집어 주었고, 저는 계속해서 "감사합니다! 감사합니다!"라고 말했습니다. 얼마 지나지 않아, 제 접시에는 닭, 생선, 야채 등 요리가 가득 차 있었으며, 저는 친구 부인의 호의를 거절하기 어려워 할 수 없이 기를 쓰고 먹었습니다. 친구의 부인은 저에게 요리를 집어 주면서 "맛은 별로 없지만, 사양하시지 말고, 많이 드세요." 라고 말했습니다. 그 날 저는 집에 돌아와서 배가 불편하다는 느낌이 들어 다음 날 약국에 가서 소화제를 사먹고 나서야 조금 좋아졌습니다.

해설　　이 그림을 보고 여러 가지 이야기를 할 수 있다. 예를 들면 친구네 집들이 갔었던 이야기, 직장 동료와의 회식자리, 친구의 생일 파티 등이다. 이야기의 시작 부분은 등장인물에 대해 간단명료하게 소개한다. 그리고 이야기의 줄거리에 대해 서술할 때는 시간 순서대로 말하면 된다. 마무리 부분은 어떤 깨우침을 얻어 내는 것이 좋은 문장이라고 할 수 있다.

第 11-12题: 看图说话

12.

　　今天是星期天，天气特别好，我想开车去外边玩儿，可我爱人却想去百货商店买衣服，经过一番舌战，我们达成了妥协，先去买衣服，然后去外边玩儿。当我们来到百货商店的时候，服务员非常热情，我爱人有点儿胖，可她却偏偏看中了一件非常瘦的衣服，服务员面带笑容说："这件衣服对您来说真是太合适了，穿上这件衣服后您至少年轻了十岁。"我爱人高兴极了，让我去交钱，我看了看价格，吓了一跳，所以我对我爱人说："亲爱的，真不好意思，我把钱包落在车里了。"

단어 一番 yìfān 한바탕 | 舌战 shézhàn 설전을 벌이다 | 达成 dáchéng 얻다 | 妥协 tuǒxié 타협하다 | 偏偏 piānpiān 하필 | 看中 kànzhòng 마음에 들다 | 面带笑容 miàndàixiàoróng 얼굴에 미소를 띠다 | 至少 zhìshǎo 최소한 | 交钱 jiāoqián 수납하다 | 吓了一跳 xiàleyítiào 깜짝 놀랐다 | 落 làzài …을…에 흘리다

번역 오늘은 일요일이다. 날씨가 너무 좋아서 차를 가지고 밖에 놀러가고 싶었다. 그런데 아내는 백화점에 가서 옷을 사려고 했다. 한 바탕 설전을 벌인 끝에 우리는 우선 옷 사러 갔다가 그 다음 놀러 가기로 타협을 봤다. 우리는 백화점에 도착 했고, 그곳의 종업원은 매우 친절했다. 아내가 조금 뚱뚱한데 하필이면 꼭 끼는 옷을 마음에 들어 했다. 종업원이 얼굴에 미소를 띠며 "이 옷은 사모님에게 너무 잘 어울려요. 사모님이 이 옷을 입으면 최소한 10년은 젊어 보이실 거에요." 라고 말했다. 아내는 아주 좋아하며 나에게 계산 하라고 했는데, 나는 가격을 보고 깜짝 놀랐다. 그래서 나는 아내에게 "여보, 미안한데, 내가 지갑을 차에 놓고 왔네." 라고 말했다.

해설 이 그림은 쇼핑에 관한 이야기를 하면 된다. 그런데 2분 동안 쇼핑에 관한 이야기를 하려면 시간이 조금 길다. 때문에 이야기의 앞부분에 살을 많이 붙여야 한다. 그리고 이야기의 전개 과정에도 많은 상상력이 필요하다. 즉 그림에서 보이는 그대로 말하는 것보다 그림에 근거하여 이야기를 재미있게 만들어야만 2분이라는 시간을 채울 수 있다.

第 13~14題: 回答问题

13.
Nǐ yìbān xǐhuan qù nǎr mǎi dōngxi? Wèishénme?
你　一般　喜欢　去　哪儿　买　东西?　为什么?

당신은 어디서 물건 사는 것을 좋아하십니까? 그 이유는?

　　我一般比较喜欢在网上买东西，因为在网上购物，不用花费很多时间和精力去逛街，你可以坐在家里，一边喝着咖啡，一边点着鼠标，挑选你要买的商品，而且还可以根据顾客的评价和价格的高低挑选商品，实在是太方便了。另外，在网上可以买到比在商场里更便宜的商品，甚至是一模一样的商品，这就是网上购物的优势。

　　现在越来越多的人喜欢在网上购物，而且在网上可买的东西越来越多，有食品、生活日用品、服装、化妆品、书籍，甚至家具、家电等大型商品也可以在网上买，网上购物已成了一种风尚。

단어　网上 wǎngshang 온라인상 | 网上购物 wǎngshànggòuwù 온라인 쇼핑 | 花费 huāfèi 소모하다 | 精力 jīnglì 정신과 체력 | 逛街 guàngjiē 거리를 거닐다 | 点 diǎn 터치하다 | 鼠标 shǔbiāo 마우스 | 挑选 tiāoxuǎn 고르다 | 评价 píngjià 평가 | 高低 gāodī 고저, 높고 낮음 | 实在 shízài 정말 | 另外 lìngwài 그 밖에 | 甚至 shènzhì 심지어 | 一模一样 yìmúyíyàng 완전히 같다 | 优势 yōushì 우세 | 日用品 rìyòngpǐn 일용품 | 服装 fúzhuāng 의류 | 化妆品 huàzhuāngpǐn 화장품 | 书籍 shūjí 서적 | 家具 jiājù 가구 | 家电 jiādiàn 가전제품 | 成 chéng…이 〔가〕 되다 | 风尚 fēngshàng (어느 한 시기에 널리 유행하는) 풍조, 기풍

번역　　저는 보통 인터넷에서 물건사는 것을 좋아합니다. 그 이유는 인터넷 구매 시, 많은 시간과 체력을 소모하여 거리를 돌아다닐 필요가 없고, 집에 앉아 커피를 마시며, 간단히 마우스만 클릭함으로써 사려고 하는 물건을 고를 수 있기 때문입니다. 게다가 구매자들의 평가와 가격을 비교하며 편리하게 상품을 구매할 수도 있습니다. 그 밖에도 인터넷에서는 오프라인에서와 똑같은 상품을 훨씬 더 저렴한 가격에 구매할 수 있는데, 이는 인터넷 구매의 장점이기도 합니다.

　　최근에는 인터넷에서 물건을 구매하는 사람들과 구매 가능한 물건들이 점점 더 많아지고 있고, 식품, 생활용품, 의류, 화장품, 도서, 심지어는 가구 및 가전제품 등 대형 상품들도 인터넷에서 구매할 수 있어 인터넷 상품구매는 이미 하나의 구매 패턴으로 자리 잡아가고 있습니다.

해설　개인의 취향에 따라 쇼핑하는 장소가 다를 수 있지만 대답하기 쉬운 쪽을 선택하는 것이 훨씬 유리하다. 이 문제 같은 경우, 인터넷이나 대형 마트에 가서 쇼핑하는 것이 여러 가지 장점이 있기 때문에 대답하기 쉬울 것이다.

14.
Nǐ juéde xuéxí Hànyǔ de zuì hǎo fāngfǎ shì shénme?
你 觉得 学习 汉语 的 最 好 方法 是 什么?

중국어를 배우는 가장 좋은 방법은 무엇인가?

对于一个汉语初学者来说，最重要的是要对汉语有兴趣。学习汉语要从简单的开始，这样才能产生兴趣，一旦你对汉语有了兴趣，并努力地发展这一兴趣，那么，你就会不知不觉地去读汉语、听汉语、说汉语、写汉语。我爱看小说和电影，为了提高我的汉语水平，我经常看中文小说和中文电影，里面的许多单词都是反复出现，时间长了就能记住了，不用死记硬背。通过汉语这个媒体做你喜欢的事，你就会自然而然地掌握汉语的表达方法，这样你的汉语水平自然会提高得非常快。

단어 初学者 chūxuézhě 초보자 | 产生 chǎnshēng 생기다 | 一旦 yídàn 일단 | 发展 fāzhǎn 발전하다 | 不知不觉 bùzhībùjué 자기도 모르는 사이에 | 提高 tígāo 향상시키다 | 水平 shuǐpíng 수준 | 单词 dāncí 단어 | 反复 fǎnfù 반복하여 | 出现 chūxiàn 출현하다 | 死记硬背 sǐjìyìngbèi 죽도록 외우다 | 媒体 méitǐ 대중 매체 | 自然而然 zìrán'érrán 저절로 | 掌握 zhǎngwò 정복하다 | 表达 biǎodá 표현하다 | 自然 zìrán 저절로, 자연히

번역 중국어 초보자에게 가장 중요한 것은 중국어에 대한 흥미이다. 중국어를 배울 땐 간단한 것부터 시작해야 한다. 그래야 흥미가 생긴다. 일단 중국어에 대해 흥미가 생기고 또 그 흥미를 노력해서 발전시켜 나간다면 당신은 자기도 모르는 사이에 중국어를 알게 되고, 듣게 되고, 말하게 되고, 쓰게 될 것이다. 나는 소설과 영화를 보기 좋아한다. 내 중국어 실력을 향상시키기 위하여 늘 중문 소설과 중국 영화를 본다. 소설이나 영화에서 나오는 단어들은 대부분 반복되기 때문에 오래되면 곧 외워져서 억지로 외우지 않아도 된다. 중국어라는 매체를 통해 자신이 좋아하는 일을 한다면 자연스럽게 중국어의 표현 방법을 파악하게 될 것이다. 이렇게 하면 당신의 중국어 실력은 자연스럽게 아주 빠르게 향상될 것이다.

해설 중국어를 배우는 가장 좋은 방법이 무엇이냐는 질문은 시험에 나오기 쉬운 문제이니 사전에 미리 준비해 두어야 한다. 그리고 이러한 문제는 공부를 잘할 수 있는 방법, 단시간에 성적을 올릴 수 있는 방법 등 문제의 답과 거의 비슷하다. 따라서 상기의 문장을 외워두면 아주 유용하게 활용할 수 있다.

第 1-10题：听后重复

1.　　　她给我留下了非常好的印象。

2.　　　我一点儿也不喜欢看电影。

3.　　　我刚要出门的时候，来了个电话。

4.　　　我最尊敬的人是我爸爸。

5.　　　我有急事要找你们经理。

6.　　　今天我在百货商店遇到了我高中同学。

7.　　　我觉得学习汉语很有意思。

8.　　　他在英国住了两年。

9.　　　我妈妈给我买了很多英语参考书。

10.　　我打算明年去英国留学。

1.
그녀는 저에게 아주 좋은 인상을 주었습니다.
해설　'给~留下了~的印象' 은 '~에게 ~한 인상을 주었다' 란 뜻을 나타낸다.

2.
저는 영화보는 것을 조금도 좋아하지 않습니다.
해설　'一点儿也不' 은 '조금도~하지 않다' 란 뜻을 나타내며, '一点也不' 뒤에는 동사나 형용사가 와야 한다.

3.
제가 막 집을 나서려고 할 때, 전화가 왔습니다.
해설　'~的时候' 은 '~할 때' 란 뜻을 나타내며, '동사(형용사) + 的时候' 의 형식을 취해야 한다.

4.
제가 가장 존경하는 사람은 저희 아버지입니다.
해설　'最 + 동사(형용사) + 的 + 명사' 은 '가장~한~' 이라는 뜻을 나타낸다. 예) 最贵的衣服

5.
사장님께 급한 볼일이 있는데요.
해설　'有急事, 급한 일이 있다' 란 동작이 '找你们经理, 사장님을 찾다' 보다 먼저 발생하기 때문에 '有急事' 가 '找你们经理' 앞에 온 것이다. 이와 같이 중국어 어순은 동작발생순이다.

6.
오늘 백화점에서 고등학교 동창을 만났습니다.
해설　'在百货商店' 은 부사어이기 때문에 주어 뒤에 온 것이다.

7.
저는 중국어 공부가 아주 재미있다고 생각합니다.
해설　'觉得' 은 개인적인 느낌이나 견해를 나타낸다.

8.
그는 영국에서 2년 살았습니다.
해설　'两年' 은 시량보어이기 때문에 동사 '住' 뒤에 온 것이다.

9.
저희 어머니는 저에게 영어참고서를 많이 사주셨습니다.
해설　'给 + 사람 + 동사 + 명사' 은 '~에게 ~을 해주다' 란 뜻을 나타낸다.

10.
저는 내년에 영국으로 유학을 갈 예정입니다.
해설　'打算' 의 목적어는 '明年去英国留学' 이다. 주의할 점은 '明年' 이 '打算' 뒤에 온다는 것이다.

第 11–12题：看图说话

11.

　　我才三十岁，可是不知道是什么原因，我的头发都掉没了，没办法只好戴假发。最近我交了一个女朋友，可她并不知道我秃顶，我很喜欢她，我不知道该不该把秃顶的事儿告诉她。这时我的朋友对我说："无论什么事，实话实说是解决问题的最好办法，瞒过一天瞒不过一年。我觉得你女朋友真心爱你的话，她不会在意你是否是秃顶。"于是，我鼓起勇气向我女朋友说明了一切，当她听完我的话后，小声对我说："我倒是无所谓，可是如果我们的孩子也像你的话，那该怎么办呢？真对不起。"

단어 头发 tóufa 머리카락 | 掉 diào (붙어 있어야 할 것들이) 빠지다 | 戴 dài 착용하다, 쓰다 | 假发 jiǎfà 가발 | 秃顶 tūdǐng 대머리가 되다 | 实话实说 shíhuàshíshuō 사실대로 말하다 | 瞒过一天瞒不过一年 mánguòyìtiānmánbuguòyìnián 하루는 속일 수 있어도 일년은 속일 수 없다 | 真心 zhēnxīn 진심 | 在意 zàiyì 마음에 두다 | 是否 shìfǒu …인지 아닌지 | 于是 yúshì 그래서 | 鼓起勇气 gǔqǐyǒngqì 용기를 내다 | 一切 yíqiè 전부 | 小声 xiǎoshēng 낮은 소리 | 倒是 dàoshì …하지만 | 无所谓 wúsuǒwèi 상관없다

번역 　나는 겨우 30살인데, 무슨 이유 때문인지 머리가 다 빠져서 어쩔 수 없이 가발을 썼다. 나는 최근에 여자 친구를 사귀었는데, 그녀는 내가 대머리인 줄 모르고 있었다. 나는 그녀를 아주 좋아하는데 내가 대머리라는 사실을 그녀에게 알려야 할지 말아야 할지 고민 되었다. 이 때 내 친구는 "무슨 일이든 솔직하게 말하는 것이 문제를 해결하는데 가장 좋은 방법이야. 하루는 속일 수 있어도 1년은 속일 수 없어. 네 여자 친구가 진정으로 너를 사랑한다면 네가 대머리이든 아니든 크게 개의치 않을 거라고 생각해." 라고 말해줘서 나는 용기를 내어 여자 친구에게 모든 것을 말했다. 그녀는 내 말을 듣고 나서, 작은 소리로 "나는 괜찮은데, 우리의 아이가 당신을 닮아 대머리가 되면 어떡하죠? 정말 미안해요." 라고 말했다.

해설 이 그림은 대머리에 관한 이야기를 하면 되는데, 어떤 이야기를 하든 상관없다. 대머리가 되어 속상해 한다든가 대머리를 치료하기 위하여 많은 노력을 했다든가 등 여러 이야기를 꾸밀 수 있다.

第 11−12题: 看图说话

12.

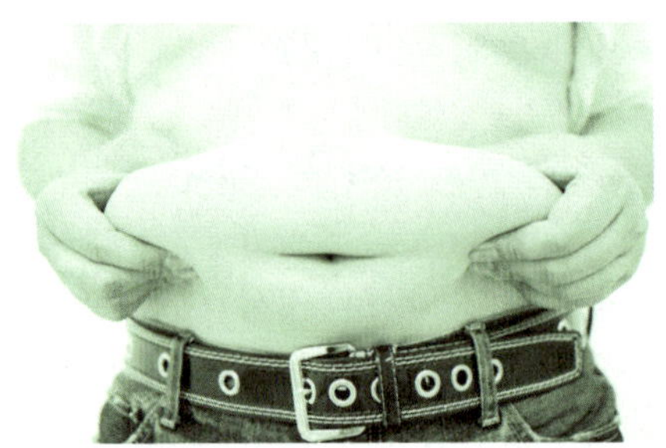

　　我经常在我家附近的公园里散步，发现在公园儿里跑步锻炼的人非常多。有一天，我在那里遇到了一位在教育局工作的老同学，他以前有点儿肥胖症，可现在完全恢复了正常，他开心地说："现在我每天坚持锻炼一个小时，04年大夫说我有脂肪肝倾向，经过不断运动和锻炼，05年有所好转，06、07年体检的时候脂肪肝没有了。"我听了很羡慕，想想自己，每次体检，查出有脂肪肝倾向，就坚持锻炼几个月，但过了一段时间又坚持不下去了。我这个人没有毅力，总是三天打鱼，两天晒网，尽管这样我还想再试一次，因为我的年龄越来越大，想减肥和治病也得趁年轻的时候，所以我又一次下了决心：从明天开始我一定要坚持运动。

단어

遇到 yùdào 마주치다 | 教育局 jiàoyùjú 교육국 | 肥胖症 féipàngzhèng 비만증 | 恢复 huīfù 회복하다 | 开心 kāixīn 기쁘다 | 坚持 jiānchí 견지하다 | 脂肪肝 zhīfánggān 지방간 | 倾向 qīngxiàng 경향 | 不断 búduàn 끊임없이 | 有所 yǒusuǒ 어느 정도 …하다 | 好转 hǎozhuǎn 호전되다 | 查出 cháchū 검사하여 어떤 결과를 얻어내다 | 坚持不下去 jiānchíbúxiàqù 버텨 낼 수가 없다 | 毅力 yìlì 완강한 의지 | 三天打鱼，两天晒网 sāntiāndǎyú, liǎngtiānshàiwǎng 사흘간 고기를 잡고 이틀간 그물을 말리다. (공부나 일을) 인내심을 가지고 꾸준히 하지 못하다. 하다 말다 하다 | 尽管 jǐnguǎn 비록〔설령〕…라 하더라도 | 减肥 jiǎnféi 살을 빼다 | 治病 zhìbìng 질병을 치료하다 | 趁 chèn …을〔를〕 틈타 | 下决心 xiàjuéxīn 결심하다

번역

　나는 늘 집 근처의 공원에서 산책을 하는데, 공원에서 달리기를 하면서 운동하는 사람이 아주 많다는 것을 알게 되었다. 하루는 그곳에서 교육국에서 일하는 옛 동창을 만났다. 그는 예전에 약간의 비만증이 있었는데, 지금은 완전히 정상으로 회복되었다. 그는 기뻐하면서 "지금 나는 매일 한 시간씩 운동을 하고 있거든, 2004년에 의사 선생님이 내가 지방간 증상이 있다고 했는데, 2005년에 조금 호전되었고, 2006년과 2007년에 검사를 했을 때는 지방간이 없어졌어." 라고 말했다. 나는 그가 정말 부러웠다. 돌이켜보니 나는 매번 검사에서 지방간 증상이 있다고 하면 몇 달간 운동을 하고, 시간이 좀 지나면 운동을 꾸준히 지속하지 못했다. 나는 끈기가 없어 운동을 꾸준히 하지 못한다. 하지만 나는 그래도 다시 한 번 시도하고 싶다. 나이가 점점 많아지고 있기 때문에 다이어트하면서 병을 치료하려면 젊었을 때 해야 할 것 같다. 그래서 나는 내일부터 반드시 운동을 꾸준히 할 것이라고 또 한 번 결심했다.

해설

　이 그림은 운동에 관한 이야기를 하면 된다. 2분 동안 이야기를 하려면 등장인물이 조금 많아야만 긴 스토리를 꾸밀 수 있다. 그리고 높은 점수를 받으려면 고사성어를 사용해야 한다. 어떤 일이든 하다 말다 하면 안 되고, 반드시 인내력을 가지고 끝까지 해야 한다는 말은 여러 상황에서 활용할 수 있으니 외워두길 바란다.

　★ 做什么事情不能三天打鱼，两天晒网，一定要坚持到底。

　　어떤 일이든 하다 말다 하면 안 되고, 반드시 끝까지 해야 한다.

第 13-14题: 回答问题

13.
Jiěchú yālì de zuì hǎo fāngfǎ shì shénme?
解除 压力 的 最 好 方法 是 什么?

스트레스를 해소하는 가장 좋은 방법은 무엇일까요?

在充满竞争的都市里，每个人都会或多或少地遇到各种压力。那么怎样才能解除压力呢？当你工作或学习的时候感到疲倦了，千万别让疲劳继续下去，在感到多少有点疲劳之前，站起来离开座位稍微走走，或者喝点儿咖啡休息一会儿，这样可以缓解疲劳，放松神经。另外，下班后找朋友谈谈心，可以做一些平时自己感兴趣的业余活动。多到户外走走，接触一下大自然。也可以吃些据说可以解除压力的食物，比如：香蕉、菠菜、鱼等，最重要的是保持一个良好的心态。其实压力并不一定是坏事，有时压力也能造就一个人。

단어　充满 chōngmǎn 가득 차다 | 竞争 jìngzhēng 경쟁(하다) | 都市 dūshì 대도시 | 或多或少 huòduōhuòshǎo 많든지 적든지 간에 | 遇到 yùdào 부딪치다 | 解除 jiěchú 해소하다 | 疲倦 píjuàn 피곤〔피로·노곤〕하다 | 千万 qiānwàn 절대로 | 疲劳 píláo 피로하다 | 多少 duōshǎo 다소 | 座位 zuòwèi 좌석 | 稍微 shāowēi 약간 | 缓解 huǎnjiě 완화되다 | 神经 shénjīng 신경 | 另外 lìngwài 그 밖에 | 户外 hùwài 집밖, 야외 | 接触 jiēchù 접촉하다 | 大自然 dàzìrán 대자연 | 据说 jùshuō 전해지는〔들리는〕 말에 의하면 …라 한다 | 食物 shíwù 음식물 | 菠菜 bōcài 시금치 | 保持 bǎochí 유지하다 | 心态 xīntài 심리 상태 | 造就 zàojiù 양성해 내다

번역　　경쟁이 치열한 도시의 생활에서 모든 사람들은 크고 작은 각종 스트레스를 받게 됩니다. 이럴 때 어떻게 하면 스트레스가 해소될까요? 업무상 혹은 공부를 할 때 피곤함을 느끼면, 절대로 피로가 지속되도록 해서는 안 됩니다. 어느 정도 피로감을 느끼기 전에 자리에서 일어나 조금 걷거나 혹은 커피 한 잔을 마시며 휴식을 취해야 합니다. 그럼으로써 피로가 풀리거나 긴장을 완화할 수 있습니다. 그 밖에 퇴근 후 친구들을 만나 담소를 하거나, 평소 관심이 있었던 여가활동을 통해 스트레스를 해소해야 합니다. 야외로 나가 산책하고 대자연을 통해 스트레스를 풀기도 하고 또는 스트레스 해소에 효과가 있다고 알려진 음식, 예를 들면 바나나, 시금치, 생선 등을 먹는 것도 좋습니다. 제일 중요한 것은 편안한 마음상태를 유지하는 것입니다. 사실 스트레스는 꼭 나쁜 것이 아닐 수도 있으며, 개인의 인격을 완성해 나가는 계기가 되기도 합니다.

해설　　스트레스를 해소하는 방법은 사람에 따라 다를 수 있다. 꼭 본인의 스트레스 해소법을 이야기 하는 것보다 자신이 알고 있는 스트레스 해소법을 하나하나 모두 소개하는 것이 이야기를 길게 할 수 있는 방법 중의 하나이다.

14.
Nǐ rènwéi shénmeyàng de lǎoshī cái shì hǎo lǎoshī? Qǐng tán yì tán nǐ de guāndiǎn.
你 认为 什么样 的 老师 才 是 好 老师? 请 谈 一 谈 你 的 观点。

당신은 어떠한 선생님이 좋은 선생님이라고 생각합니까? 당신의 생각을 말씀해보세요.

要做一名学生心目中的好教师，首先要认真备课，传授知识时，要讲究方法，不要照本宣科，要有创意，解释要通俗易懂，而且还要有趣，只有这样才能吸引学生。其次要了解学生，老师应该与学生多沟通，走进他们的圈子，多听听他们的想法及建议，要学会"换位思考"，要设身处地地体察学生的内心需求，要学会站在学生的角度考虑问题，考虑学生的内心感受。最后，老师还要带给学生新的思想，教会学生做人的道理。

我上高中的时候，有位姓李的英语老师，她很年轻，也很活泼，和她在一起，我感觉不到一点压力，在她的课上，能让我感到快乐。你说，这样的老师，我们能不喜欢吗?

단어

心目 xīnmù 마음속 | 首先 shǒuxiān 우선 | 传授 chuánshòu 가르치다 | 照本宣科 zhàoběnxuānkē 책에 쓰인 대로 읽다 | 创意 chuàngyì 창의력 | 解释 jiěshì 해석하다 | 通俗 tōngsú 통속적이다 | 易懂 yìdǒng 알기 쉽다 | 有趣 yǒuqù 흥미롭다 | 吸引 xīyǐn 매료시키다 | 其次 qícì 그 다음 | 沟通 gōutōng 교류하다, 소통하다 | 圈子 quānzi 테두리 | 想法 xiǎngfǎ 생각 | 换位思考 huànwèisīkǎo 상대방의 입장과 각도에서 고려하다 | 设身处地 shèshēnchǔdì 처지를 바꾸어 생각하다 | 体察 tǐchá 세심하게 살피다 | 角度 jiǎodù (문제를 보는) 각도 | 感受 gǎnshòu 느낌 | 做人 zuòrén 인간이 되다 | 活泼 huópo 활달하다

번역

학생 마음속에서 좋은 선생님이 되기 위해서는 우선 수업준비를 철저히 해야 할 것입니다. 지식을 전달할 때에는 책에 있는 내용을 그대로 무미건조하게 읽으면 안 되고, 교수법을 중요시해야 합니다. 창의성이 있어야 하고 알아듣기 쉽게 설명해야 하며 재미있고 흥미를 유발해야만 학생들이 수업에 몰입하게 될 것입니다. 두 번째로는 학생을 이해하고 선생님은 학생들과의 많은 대화를 통해 학생들 안으로 들어가서 학생들의 생각과 건의사항을 많이 듣고, "상대방의 입장에서 생각하는 방법"을 배워야 할 것이며, 학생들이 마음속에서 원하는 것을 잘 관찰하여 그들의 입장에서 생각하고 그들 마음속의 느낌을 고려해야 합니다. 마지막으로 선생님은 학생에게 새로운 사고를 전달해야 하며, 인간으로서의 도리를 가르쳐야 할 것입니다.

제가 고등학교에 다닐 때, 이씨 성을 가진 영어 선생님이 계셨는데, 젊고 매우 활발한 성격의 선생님이셨습니다. 그 선생님과 함께 있을 땐, 스트레스를 전혀 받지 않았습니다. 선생님의 수업시간은 제게 즐거움을 주었습니다. 이런 선생님을 과연 우리들이 싫어할 수 있을 까요?

해설

이 문제 같은 경우 좋은 선생님의 기준을 하나하나 열거하면 된다. 그러나 그냥 말로 하는 것보다 예를 들어 말하는 것이 훨씬 설득력이 있다. 따라서 예전에 학교 다닐 때 자신이 좋아했던 선생님의 예를 들어 말하면 자신의 논지에 힘을 실어 줄 수 있다.

신HSK 회화 중급 공략
실전 모의고사
3회 정답 및 해설

第 1-10题: 听后重复

1.　　　我想跟你借点儿钱。

2.　　　没想到上海的房价会这么高。

3.　　　他现在可能在医院里。

4.　　　昨天我给你打了两次电话。

5.　　　明天来的时候，别忘了带笔记本电脑。

6.　　　我想复印点儿资料。

7.　　　我以为你不会来呢。

8.　　　在这里工作的人都是外地人。

9.　　　听说明天有大雨。

10.　　他好像还不知道这件事。

1. 당신에게 돈을 좀 빌렸으면 합니다.
해설 '跟~借钱' 은 '~에게 돈을 빌리다' 란 뜻을 나타낸다.

2. 상하이의 집값이 이렇게 비쌀 줄 몰랐습니다.
해설 '没想到' 은 '뜻밖에, 의외로' 란 뜻으로 문장의 맨 앞에 와야 한다.

3. 그는 지금 아마 병원에 있을 겁니다.
해설 '可能' 은 '아마~일 것이다' 란 뜻으로 어떤 상황에 대한 추측을 나타낸다.

4. 어제 당신에게 전화를 두 번이나 했었습니다.
해설 '给~打电话' 은 '~에게 전화를 하다' 란 뜻을 나타내다. 동작의 횟수를 나타내는 '两次'
은 동사 '打' 뒤에 와야 한다.

5. 내일 오실 때, 노트북 가져오는 것을 잊지 마세요.
해설 '别忘了' 은 '잊지 마' 란 뜻으로 문장의 맨 앞에 와야 한다.

6. 자료를 좀 복사하려고 합니다.
해설 '点儿' 은 명사 '资料' 앞에 와서 '조금, 약간' 이라는 뜻을 나타낸다.

7. 당신이 오지 않을 거라고 생각했는데.
해설 '以为' 은 '~인 줄 알다' 란 뜻으로 잘못된 판단이나 인식을 나타낸다.

8. 이곳에서 일하는 사람은 모두 외지인입니다.
해설 '在这里工作的人' 은 '이곳에서 일하는 사람' 이라는 뜻을 나타낸다.

9. 내일 비가 많이 온다고 합니다.
해설 '听说' 은 '들은 바로는' 이란 뜻으로 문장의 맨 앞에 와야 한다.

10. 그는 아직 이 일을 모르는 것 같습니다.
해설 '好像' 은 '~인 것 같다' 란 뜻으로 추측을 나타낸다.

第 11-12题: 看图说话

11.

　　今天是我第一次参加面试，在考场外边大约有近两百多人在等候，我非常紧张，当我走进考场时，看到穿着西装的考官我就更紧张了，这时坐在中间的主考官很和蔼地让我坐下，然后开始发问。第一个问题是为什么想来我们公司工作，第二个问题是你认为几年以后你会是什么样子，这两个问题是大多数考生事先都准备好的问题。于是我很有自信地进行了长达七八分钟的论述。这次面试，我得了88分，计分员出来给我成绩单的时候，还跟我说了句"恭喜你"。就这样我顺利地通过了第一次面试，但还有第二次面试，回去以后我要好好儿准备，我相信自己一定能考上。

단어

面试 miànshì 면접시험 | 考场 kǎochǎng 시험장 | 等候 děnghòu 기다리다 | 考官 kǎoguān 시험 감독관 | 主考官 zhǔkǎoguān 주임 시험관 | 和蔼 hé'ǎi 상냥하다 | 事先 shìxiān 사전(에) | 长达 chángdá 거리나 시간의 길이가…이다 | 论述 lùnshù 논술하다, 서술하다 | 计分 jìfēn 채점하다 | 成绩单 chéngjìdān 성적표 | 恭喜 gōngxǐ 축하하다 | 顺利 shùnlì 순조롭다

번역

　　오늘은 내가 처음 면접시험을 보는 날이다. 시험장 밖에는 약 200여 명의 사람들이 대기하고 있었고, 나는 많이 긴장되었다. 내가 시험장 안으로 들어갔을 때 양복을 입은 시험관을 보니 더욱 긴장이 되었다. 이 때 가운데 자리에 앉아 있던 주임 시험관님이 나에게 앉으라고 상냥하게 말씀하시면서 질문을 하기 시작하였다. 첫 번째 문제는 '우리 화사에서 일하려고 하는 이유' 였고, 두 번째 문제는 '몇 년 후 당신은 어떤 모습일까' 였다. 이 두 문제는 대다수 수험생들처럼 사전에 준비했던 문제라 나는 아주 자신 있게 7~8분 동안 서술하였다. 이번 면접시험에서 나는 88점을 맞았는데, 채점관님이 나에게 성적표를 주면서 "축하합니다." 라고 말했고 나는 순조롭게 1차 면접시험을 통과했다. 그러나 아직 2차 면접시험이 남아있어 나는 돌아가서 잘 준비해야 한다. 나는 내가 꼭 붙을 것이라고 믿는다.

해설

이 그림은 면접시험을 볼 때 주의할 점, 면접시험을 통과하는 비법, 면접시험을 볼 때 있었던 에피소드 등 여러 가지 이야기를 꾸밀 수 있다. 주의할 점은 본인의 표현력을 고려하여 대답하기 쉬운 쪽을 선택해야 한다는 것이다.

第 11–12题： 看图说话

12.

　　有一天，李刚跟他的女朋友一起看了场电影，又去公园逛了一圈儿。这时候，有个捡破烂的中年妇女从后面走了过来，问有没有空的易拉罐可以给她。李刚说有，他正要递给那位中年妇女易拉罐的时候，他惊呆了，那竟然是他母亲! 李刚马上冲过去抱住了他母亲，可他母亲却说：“你是不是看错人了？”李刚没有理会母亲的话，紧紧地抱住了母亲，满脸都是泪。这时在李刚身边的女朋友不知所措，她很想对他们说几句话，但她不知道该说些什么，所以，只好站在一边观看。

단어   一圈儿 yìquānr 한 바퀴 | 捡 jiǎn 줍다 | 破烂 pòlàn 폐품 | 妇女 fùnǚ 성인 여성 | 易拉罐 yìlāguàn 깡통 | 递 dì 건네다 | 惊呆 jīngdāi 놀라 얼이 빠지다 | 竟然 jìngrán 놀랍게도 | 冲过去 chōngguòqù 쏜살같이 달려가다 | 抱住 bàozhù 꼭 껴안다 | 理会 lǐhuì 상대〔상관·아랑곳·개의〕하다 | 紧紧 jǐnjǐn 바싹 다가가 있다, 꼭 끼다 | 满脸 mǎnliǎn 온 얼굴 | 泪 lèi 눈물 | 不知所措 bùzhīsuǒcuò 어찌할 바를 모르다 | 只好 zhǐhǎo 할 수 없이 | 观看 guānkàn 보다

번역   하루는 리강이 그의 여자 친구와 영화를 보고 공원에 가서 산책하고 있었는데, 그 때 폐품을 줍는 중년 아주머니 한 분이 뒤에서 다가와 빈 깡통이 있느냐고 물었다. 리강은 있다고 하면서 중년 아주머니에게 깡통을 건네주려고 할 때 깜짝 놀랐다. 놀랍게도 자기의 어머니였던 것이다. 리강은 달려가 어머니를 안았지만, 어머니는 "사람을 잘 못 본 것 아닙니까?"라고 말했다. 리강은 어머니의 말을 아랑곳하지 않고 어머니를 꼭 껴안으며 리강의 얼굴은 눈물범벅이 되었다. 이 때 리강 옆에 있던 여자 친구는 어찌할 바를 몰랐다. 그녀는 그들에게 무슨 말이라도 하고 싶었지만 어떤 말을 해야 할지 몰라 그냥 한 쪽에 서서 지켜볼 수밖에 없었다.

해설   이 그림에 근거하여 2분 동안 이야기를 하려면 많은 상상력이 필요하다. 따라서 평소 TV, 라디오 방송, 책속에서 듣고 본 이야기를 잘 활용하는 것이 문제를 쉽게 풀 수 있는 방법이다.

第 13－14题: 回答问题

13.
Nǐ juéde jiǎnféi de zuì hǎo fāngfǎ shì shénme?
你 觉得 减肥 的 最 好 方法 是 什么?

당신은 다이어트 하는 가장 좋은 방법은 무엇이라고 생각합니까?

　　首先要养成"早饭要吃好、午饭要吃饱、晚饭要少吃"的饮食习惯，晚上八点以后不要吃东西。其次要坚持晚饭后快步走半个小时以上，要增加运动量，消耗多余的热量。另外还要注意不吃甜食，蛋白质不会使人发胖，糖类才会使人发胖。绝大部分食物中都含有糖，那些糖已经保证了你身体的需要，所以要想减肥，就尽量不要吃甜食。最后吃饭的时候要慢慢儿吃，食物进入人体，血糖升高到一定水平，大脑才发出停止进食的信号，吃得太快，大脑发出停止进食信号前，你已经吃得过量了，所以进食速度要慢。

단어　减肥 jiǎnféi 살을 빼다 | 首先 shǒuxiān 우선 | 养成 yǎngchéng 습관이 되다 | 饮食 yǐnshí 음식 | 习惯 xíguàn 습관 | 其次 qícì 그 다음 | 坚持 jiānchí 견지하다 | 快步 kuàibù 빠른 걸음으로 | 增加 zēngjiā 증가하다 | 消耗 xiāohào 소모하다 | 多余 duōyú 여분의 | 热量 rèliàng 열량 | 另外 lìngwài 그 밖에 | 甜食 tiánshí 단맛의 식품 | 蛋白质 dànbáizhì 단백질 | 发胖 fāpàng 뚱뚱해지다 | 糖类 tánglèi 탄수화물 | 含有 hányǒu 함유하다 | 保证 bǎozhèng 보증하다 | 尽量 jǐnliàng 되도록 | 血糖 xuètáng 혈당 | 升高 shēnggāo 높이 오르다 | 大脑 dànǎo 대뇌 | 发出 fāchū (명령이나 지시를) 내리다 | 进食 jìnshí 식사하다 | 过量 guòliàng 양을 초과하다

번역　　　먼저 "아침밥은 잘 먹고, 점심밥은 배부르게 먹고, 저녁밥은 적게 먹어야 한다"는 식습관을 길러야 한다. 저녁 8시 이후로는 절대로 음식 섭취를 금지해야 하며, 그 다음은 저녁 식사 후 30분 이상 빨리 걷기를 꾸준히 해야 하고 운동량을 늘려 필요 없는 열량을 소모시켜야 한다. 그 외에 단 음식을 먹지 말아야 한다. 단백질은 사람을 살찌게 하지 않고 당 종류는 살찌게 한다. 대부분의 음식물에 당 성분이 함유되어 있으며, 이러한 당 성분은 이미 당신 몸의 수요를 충족시키고 있다. 때문에 다이어트하려면 가급적 단 음식 섭취를 절제해야 한다. 마지막으로 밥을 먹을 때는 천천히 먹어야 한다. 음식물이 인체에 들어가면 혈당이 일정한 정도까지 올라가야 두뇌가 비로소 음식섭취 정지신호를 보내게 된다. 너무 빨리 먹으면 두뇌가 음식섭취 정지신호를 보내기 전에 당신은 이미 과식한 상태가 되기 때문에 음식을 먹는 속도를 천천히 해야 한다.

해설　　다이어트를 하는 방법은 여러 가지가 있을 수 있다. 꼭 본인의 다이어트방법을 이야기 하는 것보다 자신이 알고 있는 다이어트방법을 하나하나 모두 소개하는 것이 이야기를 길게 할 수 있는 방법 중의 하나이다.

14.
Nǐ rènwéi xiǎoxuéshēng xūyào shǒujī ma? Qǐng shuōmíng yíxia lǐyóu.
你 认为 小学生 需要 手机 吗? 请 说明 一下 理由。

당신은 초등학생에게 휴대폰이 필요하다고 생각하십니까? 그 이유를 설명해 주세요.

我觉得小学生不需要手机，理由如下：首先，小学生大部分时间都在学校或家里，无论是家长、老师还是同学找他都很容易，所以，小学生使用手机并没有太大的实际意义。其次，用手机的学生多了，铃声会干扰教学秩序，影响大家听课；第三，目前，手机上不良短信泛滥，彩铃、手机游戏花样翻新，很容易让小学生沉迷其中。第四，孩子在使用手机时，大脑中吸收的辐射比成年人高50％，因此为健康着想，小学生也应该尽量少用手机。

단어

如下 rúxià 다음과 같다 | 无论…还是… wúlùn… háishi …든 …든 | 实际 shíjì 실제 | 铃声 língshēng 벨소리 | 干扰 gānrǎo 방해하다 | 教学 jiàoxué 수업 | 秩序 zhìxù 질서 | 听课 tīngkè 수강하다 | 目前 mùqián 현재 | 不良 bùliáng 불량하다 | 泛滥 fànlàn 범람하다 | 彩铃 cǎilíng 컬러링 | 花样翻新 huāyàngfānxīn 모양을 새롭게 하다 | 沉迷 chénmí 깊이 빠지다 | 其中 qízhōng 그 중에, 그 안에 | 大脑 dànǎo 대뇌 | 吸收 xīshōu 흡수하다 | 辐射 fúshè 기계파·전자파·다량의 미립자가 사방으로 방출〔방사〕되다 | 着想 zhuóxiǎng 고려하다 | 尽量 jǐnliàng 되도록

번역

저는 초등학생에게는 휴대폰이 필요하지 않다고 생각합니다. 그 이유는 아래와 같습니다. 우선 초등학생은 대부분의 시간을 학교와 집에서 보내게 됩니다. 학부모나 선생님뿐만 아니라 학우들도 아이들을 쉽게 찾을 수 있어, 초등학생의 휴대폰 사용의 실질적 의미는 별로 크지 않습니다. 두 번째 휴대폰을 사용하는 학생들이 많아지면 벨 소리는 수업질서와 여러 학생들의 수업에 방해가 될 수 있습니다. 세 번째로 최근 휴대폰의 스팸 메세지가 범람하고 있고 컬러링, 사진 다운로드 및 새로운 휴대폰 게임의 계속적인 진화로 초등학생들이 그러한 것에 빠져들기 쉽습니다. 네 번째로 아이들이 휴대폰을 사용할 때, 전자파의 대뇌 흡수율은 성인의 1.5배이며, 이런 건강상 이유만 생각해봐도 초등학생의 휴대폰 사용은 최대한 자제해야 할 것입니다.

해설

어떤 일에 대한 자신의 견해를 이야기 할 때 ‘我觉得…, 理由如下’의 형식으로 시작을 하고, 그 이유에 대해 설명할 때 ‘首先…其次…第三…第四…’ 혹은 ‘第一…第二…第三…第四…’ 의 문형을 사용하면 된다.

신HSK 회화 중급 공략
실전 모의고사
4회 정답 및 해설

第 1-10题: 听后重复

1. 你在这里等我一会儿。

2. 快过来帮我拿一下行李。

3. 我们想邀请你们打一场篮球赛。

4. 白天最高气温零上5度，最低气温零下3度。

5. 大家都喜欢跟他交朋友。

6. 我头疼、发烧、咳嗽，浑身都不舒服。

7. 今天晚上我请你吃法国菜。

8. 有机会的话，我也想试试。

9. 这两天百货商店正在大减价。

10. 我去广州出差的时候，顺便想去老家看看我奶奶。

1. 여기서 저를 잠깐만 기다려주세요.
해설 '나를 좀 기다려줘'는 '等我一会儿'라고 표현해야 한다.

2. 빨리 와서 짐을 좀 들어주세요.
해설 '帮 + 사람 + 동사'은 '~을 도와~을 하다'란 뜻을 나타낸다.

3. 당신들을 초청하여 농구를 한 번 하고 싶은 데요.
해설 '邀请 + 사람 + 동사'은 '~을 초청하여~을 하다'란 뜻을 나타낸다.

4. 낮 최고 기온은 영상 5도이고, 최저 기온은 영하 3도입니다.
해설 여기서 '零上5度'은 술어이다. 주의할 점은 '是'를 쓰면 안 된다는 것이다.

5. 모두들 그와 친구하기를 좋아합니다.
해설 '跟~交朋友'은 '~와 친구하다'란 뜻을 나타낸다.

6. 머리가 아프고 열도 나고 온 몸이 불편합니다.
해설 '舒服'의 부정은 '不舒服'이다.

7. 오늘 저녁에 제가 당신에게 프랑스요리를 사드릴게요.
해설 '请 + 사람 + 吃~'은 '~를 초대하여~을 대접하다'란 뜻을 나타낸다.

8. 기회가 있으면, 저도 한 번 해보고 싶습니다.
해설 '~的话'은 '~면'이라는 뜻으로 가정을 나타낸다.

9. 요즘 백화점에서 바겐세일을 하고 있습니다.
해설 '正在'은 동사 앞에 쓰여 동작의 진행을 나타낸다.

10. 광저우에 출장갈 때, 고향에 가서 할머님을 찾아뵈려고 합니다.
해설 '顺便'은 '~하는 김에'란 뜻으로 문장의 맨 앞에 와야 한다.

第 11-12题：看图说话

11.

　　我们公司八点上班，所以我每天早上六点半就得从家里出发，到地铁站的时候，差不多每天都能看一个瘸腿的男人在那里卖煎饼，不管是刮风还是下雨，他都会在那里热情地招呼来往的行人。他卖的煎饼不仅好吃，而且又很便宜，所以我经常在他那里买煎饼吃。时间长了，我们也熟了，我们聊起了家常。他说他姓周，原来跟着一个建筑队在工地打杂儿，后来摔断了腿，在家里实在想不出挣钱的法子，听说去广州能赚到钱，所以就来到这里做起了煎饼生意，他说如果能攒点儿钱，就想回乡下开一家小店，他说这话的时候，眼里充满了希望。

단어

差不多 chàbuduō 거의 | 瘸腿 quétuǐ 절름발이 | 煎饼 jiānbing 전병 | 不管 bùguǎn …든 | 招呼 zhāohu (손짓하여) 부르다 | 来往 láiwǎng 오가다 | 行人 xíngrén 행인 | 熟 shú 잘 알다 | 聊起 liáoqǐ 한담하기 시작하다 | 家常 jiācháng 가정의 일상생활 | 跟 gēn 따라가다 | 建筑队 jiànzhùduì 건축팀 | 工地 gōngdì 공사 현장 | 打杂儿 dǎzár 잡일을 하다 | 摔断 shuāiduàn 넘어져 …이 부러지다 | 腿 tuǐ 다리 | 实在 shízài 정말 | 想不出 xiǎngbuchū 생각해 내지 못하다 | 挣钱 zhèngqián 돈을 벌다 | 法子 fǎzi 방법 | 赚钱 zhuànqián 돈을 벌다 | 生意 shēngyi 장사 | 攒钱 zǎnqián 돈을 모으다 | 开店 kāidiàn 상점을 개업하다 | 充满 chōngmǎn 가득 차다

번역

우리 회사는 8시에 출근하기 때문에 나는 매일 아침 6시 반에 집에서 출발한다. 지하철역에 도착하면 거의 매일 다리가 불편한 남자가 그곳에서 전병을 팔고 있는 것을 볼 수 있다. 바람이 불든 비가 오든 그는 늘 그곳에서 오가는 사람들에게 친절하게 인사를 하고 있었다. 그가 파는 전병은 맛이 있을 뿐만 아니라, 가격도 아주 저렴했다. 나는 자주 그곳에서 전병을 사먹었고 시간이 오래되자 우리는 친숙해져 일상생활에 대해서도 얘기하는 사이가 되었다. 그는 성이 주 씨인데, 본래 건축 팀을 따라 현장에서 잡일을 하다가 다리를 다치게 되었던 것이다. 집에서 돈을 벌 수 있는 방법을 생각해 내지 못해 광저우에 가면 돈을 벌 수 있다는 말을 듣고 이곳에 와서 전병 장사를 하게 되었고, 만약 돈을 좀 벌 수 있다면 고향에 돌아가서 자그마한 가게를 하나 할 것이라고 하였다. 이 말을 할 때 그의 눈에는 희망이 가득하였다.

해설

이 그림은 좌판을 하고 있는 상인에 관한 이야기를 하면 된다. 그런데 2분 동안 이야기를 하려면 시간이 조금 길다. 때문에 이야기의 앞부분에 살을 많이 부쳐야 한다. 그리고 이야기의 전개 과정에도 많은 상상력이 필요하다. 즉 그림에서 보이는 그대로 말하는 것보다 그림에 근거하여 이야기를 재미있게 만들어야만 2분이라는 시간을 채울 수 있다.

第 11-12题： 看图说话

12.

　　身边的朋友经常说，早上送孩子上学是一件很麻烦的事，但我却觉得是个享受。去年夏天，女儿的学校搬迁了，离家远了，可我与女儿的心贴得更近了。

　　每天在送女儿上学的路上，女儿总有与我说不完的话。有时跟我讲她们班上的奇闻趣事，让我分享她的快乐，有时向我吐露她的苦恼，让我分担她的忧愁。这时我们父女俩，像是一对亲密无间的朋友。

　　夏天的早晨，外面下着大雨，上学的路上经常堵车。女儿坐在车后面，一会儿提醒我注意左边车辆，一会儿提醒我注意右边车辆，这时我们更像一对互帮互助的战友。

단어

享受 xiǎngshòu 즐기다 | 搬迁 bānqiān 이전하다 | 贴 tiē 아주 가깝게 달라붙다 | 奇闻 qíwén 재미있는 이야기 | 趣事 qùshì 우스운 일 | 分享 fēnxiǎng 함께 나누다 | 吐露 tǔlù 토로하다 | 苦恼 kǔnǎo 고민하다 | 分担 fēndān 분담하다 | 忧愁 yōuchóu 근심스럽다 | 像 xiàng 마치 〔흡사〕 (…인 것 같다·듯하다) | 亲密无间 qīnmìwújiàn 사이가 아주 좋아 전혀 격의가 없다 | 提醒 tíxǐng 주의를 환기시키다 | 车辆 chēliàng 차량 | 互帮互助 hùbānghùzhù 서로 돕다 | 战友 zhànyǒu 전우

번역

　　주위 친구들은 늘 아침에 아이를 학교에 데려다 주는 게 아주 번거롭다고 말하지만 나는 오히려 즐거움이라고 생각한다. 작년 여름에 딸아이의 학교가 이전하게 되어 집에서 멀어졌지만, 나와 딸의 마음은 더욱 가까워졌다.

　　매일 딸을 학교로 데려다 주는 길에서 딸은 늘 나에게 끊임없이 말을 했다. 때로는 나에게 자기네 반의 재미있는 이야기와 우스운 이야기를 해줘 나와 즐거움을 나누기도 하고, 때로는 자기의 고민을 토로하여, 딸의 근심을 나누기도 했다. 이럴 때 우리 부녀는 아주 친한 친구 같았다.

　　여름 아침 시간 비가 올 때 등교하는 길은 차가 자주 막혔다. 딸은 자전거 뒤에 앉아 때로는 나에게 좌측에 있는 차량을 조심하라고 하고, 때로는 우측에 있는 차량을 조심하라고 하였다. 이럴 땐 우리는 서도 돕는 전우 같기도 했다.

해설

중국에서는 자전거를 많이 타고 다닌다. 특히 집집마다 아이가 하나밖에 없기 때문에 부모님이 아이를 학교 앞까지 데려다 주고 또 학교가 끝나면 마중을 간다. 이와 같이 중국 특유의 상황이 많이 등장할 수 있으니 사전에 중국문화, 중국인의 생활 습관을 좀 아는 것이 유리하다.

第 13-14题: 回答问题

13.
Shāngxīn de shíhou, nǐ yìbān zuò shénme?
伤心 的 时候, 你 一般 做 什么?

슬플 때, 당신은 주로 무엇을 하십니까?

　　伤心的时候做什么? 我觉得男人和女人想做的事情应该不同。我是女人, 伤心的时候, 我会出去旅游, 如果经济条件允许的话, 有时去外国旅游。没时间出去的时候, 我就去逛街, 然后去大吃一顿, 那样会忘掉一切烦恼。有时我找要好的朋友将自己的心事讲出来, 朋友会给我很多好的建议, 很多时候这些建议对我帮助很大。

　　谁都有伤心的时候, 伤心也不一定就是件坏事, 通过一次次的失败和伤心, 你会更加成熟和坚强。

단어　伤心 shāngxīn 슬퍼하다 | 应该 yīnggāi 아마 …할 것이다 | 不同 bùtóng 같지 않다 | 经济 jīngjì 경제 | 条件 tiáojiàn 조건 | 允许 yǔnxǔ 허락하다 | 逛街 guàngjiē 거리를 거닐다 | 顿 dùn 끼 | 忘掉 wàngdiào 잊어버리다 | 一切 yíqiè 모든 | 烦恼 fánnǎo 걱정하다 | 要好 yàohǎo 친하다 | 将 jiāng …을 ('把' 처럼 목적어를 동사 앞에 전치시킬 때 쓰임) | 心事 xīnshì 고민거리 | 通过 tōngguò …를 통해 | 失败 shībài 실패하다 | 更加 gèngjiā 더욱더 | 成熟 chéngshú 성숙하다 | 坚强 jiānqiáng 굳고 강하다

번역　　슬플 때 무엇을 하십니까? 남자와 여자가 하고 싶은 일은 분명 다르다고 생각합니다. 저는 여자로 그럴 때는 여행을 떠납니다. 만약 경제적인 여건이 허락한다면, 해외여행을 떠나기도 합니다. 여행 떠날 시간이 없을 때는 거리를 돌아다니며, 실컷 먹기도 하는데 그러면 모든 고민거리들이 잊힙니다. 혹은 친한 친구를 만나 마음속의 일들을 털어놓으며, 수다를 떨기도 합니다. 그러면 친구는 많은 조언을 해주기도 하는데, 많은 경우 그러한 조언들은 제게 큰 도움이 됩니다.

　　누구라도 마음의 상처가 생기는 경우가 있는데, 그 마음의 상처라는 것이 꼭 나쁜 일 만은 아닙니다. 그러한 실패와 상처를 통해 당신은 더욱더 성숙해지고 강해 질 수 있기 때문입니다.

해설　이 부분의 문제 같은 경우 제한시간은 2분이고, 최소한 10문장 이상을 말해야 한다. 물론 2분을 채우면 좋겠지만, 만약 대답할 때 틀린 문장이 많으면 안 하는 것만 못하다. 때문에 자신 있는 문장을 간략하게 말하는 것이 점수를 올릴 수 있는 방법 중의 하나라고 할 수 있다.

14.
Xuǎnzé zhíyè de shíhou, nǐ shǒuxiān kǎolǜ shénme? wèishénme?
选择 职业 的 时候，你 首先 考虑 什么? 为什么?

직업을 선택할 때 당신이 최우선적으로 고려하는 것은 무엇입니까? 그 이유는?

选择职业的时候，首先要考虑你的天赋和你的兴趣，要聆听你内心深处的心声，不要听别人乱说你善于什么不善于什么。我曾经就看见过一个有艺术天赋的小男孩儿却不能从事艺术，原因是家里人认为男孩儿不应该成为艺术家。选择职业的时候，最重要的是你自己要喜欢。根据你的天赋和兴趣选择职业的话，那么你不仅会在很长一段时间里感到幸福，而且会在你所选择的职业生涯道路上越走越顺利。另外在选择职业的时候，不要担心收入问题，因为所谓的收入一般是针对大多数人的平均水平的，拥有才能和激情的人会成为行业的前10%。

단어

选择 xuǎnzé 선택하다 | 天赋 tiānfù 타고난 자질 | 聆听 língtīng 경청하다 | 内心 nèixīn 마음속 | 深处 shēnchù 깊숙한 곳 | 心声 xīnshēng 내면의 목소리 | 乱说 luànshuō 함부로 말하다 | 善于 shànyú …에 능(숙)하다 | 曾经 céngjīng 이전에 | 艺术 yìshù 예술 | 从事 cóngshì 종사하다 | 幸福 xìngfú 행복하다 | 所 suǒ '所 + 동사' 의 형태로 쓰여 그 동사와 함께 명사적 성분이 됨 | 生涯 shēngyá 생애, 생활 | 顺利 shùnlì 순조롭다 | 所谓 suǒwèi 이른바 | 针对 zhēnduì 초점을 맞추다 | 平均 píngjūn 평균적인 | 拥有 yōngyǒu 소유하다 | 激情 jīqíng 열정적인 감정 | 行业 hángyè 업종

번역

　직업을 선택할 때, 가장 우선적으로 당신의 재능과 흥미를 고려해야 할 것입니다. 당신의 마음속 깊은 곳에서 들려오는 내면의 소리를 듣고, 다른 사람이 내가 무엇을 잘하고 잘 못한다고 이야기 하는 것은 듣지 말아야 합니다. 저는 예술적인 재능이 있는 한 남자 아이가 오히려 예술 관련 일을 하지 못하는 것을 보았습니다. 그 이유는 남자아이는 예술가가 되지 말아야 한다는 가족들의 생각 때문이었습니다. 직업을 선택할 때 제일 중요한 것은 당신 자신이 무엇을 하고 싶어 하느냐 하는 것입니다. 당신의 재능과 흥미에 근거하여 직업을 선택할 경우 오랫동안 행복을 느낄 수 있을 뿐만 아니라, 당신이 선택한 직장 생활이 갈수록 순조로워 질 것입니다. 그 밖에 직업을 선택할 때 수입의 문제에 대해 걱정할 필요가 없습니다. 그 이유는 수입이라는 것은 일반적으로 보통 사람들의 평균 수준을 말하는 것으로써, 재능과 열정을 가진 사람은 그 업계의 상위 10%에 속하게 될 수 있기 때문입니다.

해설

이러한 문제는 평소에도 많이 연습했던 문제이지만, 막상 시험을 칠 때 2분 동안 말하려면 할 말이 그렇게 많지 않다. 이럴 땐 예를 들어 이야기하는 것이 설득력이 있고 생동감을 줄 수 있다.

신HSK 회화 중급 공략
실전 모의고사
5회 정답 및 해설

第 1-10题：听后重复

1. 打太极拳对身体非常好。

2. 请告诉我你的电子邮件地址。

3. 商店上午十点开门。

4. 这是我给你买的生日礼物。

5. 一个人去旅行很没意思。

6. 那我们星期三下午篮球场见。

7. 明天我得陪妈妈去医院。

8. 今天我在报纸上看到了一个招聘广告。

9. 我想预订一个房间。

10. 我很担心您的身体。

1. 태극권을 하면 건강에 아주 좋습니다.

해설 　'对~好'은 '~에 좋다'란 뜻을 나타낸다.

2. 당신의 이메일주소를 알려주세요.

해설 　술어 '告诉'는 간접목적어 '我'와 직접목적어 '你的电子邮件地址'를 함께 동반한 것이다.

3. 상점은 오전 10시부터 영업합니다.

해설 　'上午十点'은 시간명사이기 때문에 주어 앞이나 뒤에 모두 올 수 있다.

4. 이것은 제가 당신에게 드리는 생일선물입니다.

해설 　'我给你买的'은 '生日礼物'의 한정어이다.

5. 혼자서 여행을 가면 재미가 없습니다.

해설 　주어와 술어로 구성된 주술구조 즉 '一个人去旅行, 혼자서 여행가는 것'이 주어이다.

6. 그럼 수요일 오후 농구장에서 뵙겠습니다.

해설 　'星期三下午'은 시간명사이고, '篮球场'은 부사어이다.

7. 내일 저는 어머니를 모시고 병원에 가야 합니다.

해설 　'陪 + 사람 + 동사'은 '~를 동반하여~을 하다'란 뜻을 나타낸다.

8. 오늘 인민일보에서 구인광고를 봤습니다.

해설 　'在报纸上'은 '신문에서'란 뜻이다. 즉 '在 + 명사 + 上'은 '~에서'란 뜻을 나타낸다.

9. 방을 하나 예약하려고 합니다.

해설 　'想'은 조동사이기 때문에 '预订' 앞에 온 것이다.

10. 저는 당신의 건강이 많이 걱정됩니다.

해설 　'担心'은 동사이지만 '很'의 수식을 받을 수 있다.

第 11–12题：看图说话

11.

　　我和老伴儿没有什么特别的爱好，就是比较喜欢养花。虽然名贵的品种不多，但大大小小有几十盆儿。冬天搬到室内，开春后再挪到阳台上，浇水、施肥、整枝，像照料孩子一样，呵护着它们。年复一年，看着这些花木生叶、开花、结果，充满了生机，给我们的晚年生活带来了无穷的乐趣。可是，昨天我远在美国的儿子打来电话，说是让我们老两口去美国玩儿，如果去美国的话，至少得呆一个月，那我的那些花该怎么办呢？哎，如果有自动浇水器就好了，怎么就没有人发明这种东西呢？

단어

老伴儿 lǎobànr 임자, 영감, 마누라 | 养花 yǎnghuā 꽃을 기르다 | 名贵 míngguì 유명하고 진귀하다 | 品种 pǐnzhǒng 품종 | 大大小小 dàdaxiǎoxiǎo 큰 것과 작은 것 | 盆儿 pénr 대야·화분 등으로 담는 수량을 세는 데 쓰임 | 搬 bān 옮기다 | 室内 shìnèi 실내 | 开春 kāichūn 봄이 (시작)되다 | 挪 nuó 옮기다 | 阳台 yángtái 베란다 | 浇水 jiāoshuǐ 물을 뿌리다 | 施肥 shīféi 비료를 주다 | 整枝 zhěngzhī 가지치기하다 | 照料 zhàoliào 돌보다 | 呵护 hēhù 보호하다, 비호하다 | 年复一年 niánfùyìnián 해마다 반복되다 | 花木 huāmù 꽃과 나무 | 生叶 shēngyè 잎이 나다 | 开花 kāihuā 꽃이 피다 | 结果 jiēguǒ 열매가 열리다 | 充满 chōngmǎn 가득 차다 | 生机 shēngjī 생기, 활기 | 晚年 wǎnnián 만년, 노년 | 无穷 wúqióng 무궁하다 | 乐趣 lèqù 즐거움 | 老两口 lǎoliǎngkǒu 노부부 | 浇水器 jiāoshuǐqì 물을 뿌려주는 기계 | 发明 fāmíng 발명하다

번역

　나와 내 아내는 특별한 취미는 없고 단지 꽃 기르는 것을 좋아한다. 비록 진귀한 품종은 많지 않지만 크고 작은 꽃나무가 수 십 가지나 된다. 겨울엔 실내로 옮기고, 봄이 되면 다시 베란다로 옮겨 물을 주고 비료도 주고 가지 치기도 하면서 아이를 돌보듯 보살핀다. 한 해 한 해 꽃나무들이 잎이 나고 꽃이 피고 열매가 열리고 생기 가득한 것이 우리의 만년 생활에 무궁한 즐거움을 주고 있다. 그런데 어제 미국에 있는 아들이 전화로 우리 노부부에게 미국으로 놀러오라고 하였다. 미국으로 간다면 최소한 한 달은 있어야 하는데, 내 저 꽃들은 어떡하지? 어이구! 자동으로 물을 주는 기계가 있으면 좋을 텐데, 왜 아무도 이런 기계를 발명하지 않을까?

해설

　이 문제 같은 경우 그냥 꽃을 기르는 이야기를 해도 되고, 꽃을 잘 기르는 방법을 소개해도 되고, 꽃에 관한 에피소드를 이야기해도 된다. 가장 중요한 것은 자신의 수준에 맞게 쉬운 문장으로 잘 표현하는 것이다.

第 11−12题：看图说话

12.

　　有一个年轻人，好不容易获得了一份销售工作，勤勤恳恳干了大半年，但工作却毫无起色。所以走进总经理办公室，惭愧地说："可能我不适合做这份工作。"可经理却安慰他说："安心工作吧，我会给你足够的时间，直到你成功为止。到那时，你还要走的话，我不会挽留你。"总经理的宽容让年轻人很感动，他更加努力地工作，结果连续两年在公司销售排行榜中高居榜首，原来，这份工作是那么适合他！他想知道当初总经理为什么会挽留他。总经理笑着对他说："如果我接受你的辞职，说明是我看错了人。我深信，既然你能在应聘时得到我的认可，也一定有能力在工作中得到客户的认可，你缺少的只是机会和时间。"

단어

好不容易 hǎoburóngyì 간신히 | 销售 xiāoshòu 판매하다 | 勤勤恳恳 qínqinkěnkěn 근면 성실하다 | 大半年 dàbànnián 반 년 이상 | 毫无 háowú 조금도(전혀)…이 없다 | 起色 qǐsè 좋아지는 기미 | 惭愧 cánkuì 창피하다 | 安慰 ānwèi 위로하다 | 安心 ānxīn 전념하다 | 足够 zúgòu 충분하다 | 到…为止 dào …wéizhǐ ~까지 | 挽留 wǎnliú 만류하다 | 宽容 kuānróng 너그럽게 용서하다 | 更加 gèngjiā 더욱 | 连续 liánxù 연속하다 | 排行榜 páihángbǎng 순위 차트 | 居 jū …를 차지하다 | 榜首 bǎngshǒu 일등 | 当初 dāngchū 그 때 | 深信 shēnxìn 깊게 믿다 | 应聘 yìngpìn 지원하다 | 认可 rènkě 인정을 받다 | 缺少 quēshǎo 부족하다

번역

    한 젊은이가 어렵게 영업직을 구해 근면 성실하게 반년 넘게 일을 했는데, 아무런 성과가 없었다. 그래서 그는 사장님 사무실로 찾아가 창피해 하며 "아무래도 저는 이 일과 맞지 않는 것 같습니다." 라고 말하자, 사장님이 그를 위로해주며 "마음 놓고 일하세요. 성공할 때까지 충분한 시간을 드리겠습니다. 그때 가서도 당신이 떠나려 한다면 만류하지 않겠습니다." 라고 말했다. 사장님의 말씀은 그에게 큰 감동을 주었다. 그는 더욱 열심히 일하여 결국 연속 2년 판매순위 챠트 1위에 올랐다. 알고 보니 이 일은 그에게 너무나 잘 맞았다! 그는 당초 사장님이 왜 자신을 만류했는지 궁금했다. 사장님이 웃으면서 "만약 내가 당신의 사직을 받아들였다면 내가 사람을 잘 못 본 것을 말해주는 것이잖아요. 나는 당신이 우리 회사를 지원할 때 내게 인정을 받았으니, 일에 있어서도 고객의 인정을 받을 것이라고 믿었습니다. 당신은 다만 기회와 시간이 필요했던 것입니다." 라고 말했다.

해설

    이 문제 같은 경우 상상력이 조금 필요하다. 제한된 시간 내에 이야기를 만들어내려면 평소에 TV나 라디오를 많이 보고 듣는 것이 유리하다.

第 13-14题: 回答问题

13.
Jiéhūn niánlíng yuèláiyuè wǎn, nǐ juéde duō dà niánlíng jiéhūn bǐjiào hǎo?
结婚 年龄 越来越 晚，你 觉得 多 大 年龄 结婚 比较 好?

결혼연령이 점점 늦어지고 있습니다. 당신은 최적의 결혼연령이 언제라고 생각합니까?

　　结婚的最好时机不能只用年龄来衡量，但考虑到要生孩子，所以在年轻漂亮、身体健壮的时候结婚会比较好一些。我个人认为女孩子最好在27岁左右、男孩子最好在29岁左右结婚。这时候男女双方都比较成熟，工作也有了着落，而且在生理方面也是最佳时期，最重要的是宝宝出生以后，你有精力抚养他，另外，孩子出生后母亲的身体恢复得也比较快。这些只是我个人的一些想法，每个人的情况都不一样，所以，应该根据自己的实际情况来决定结婚的年龄。结婚是一辈子的事情，一定要慎重，绝不能因为年龄而匆忙结婚。

단어　时机 shíjī 시기, 때 | 衡量 héngliáng 비교·검토하다 | 健壮 jiànzhuàng 건장하다 | 左右 zuǒyòu 내외, 쯤 | 成熟 chéngshú 성숙하다 | 着落 zhuóluò 의지할 곳 | 生理 shēnglǐ 생리 | 最佳 zuìjiā 최상의 | 宝宝 bǎobao 아기 | 出生 chūshēng 출생하다 | 抚养 fǔyǎng 부양하다 | 恢复 huīfù 회복하다 | 根据 gēnjù …에 의거하여 | 决定 juédìng 결정하다 | 一辈子 yíbèizi 한평생, 일생 | 慎重 shènzhòng 신중하다 | 绝不 juébù 결코 …이 아니다 | 匆忙 cōngmáng 매우 바쁘다, 총망하다

번역　　결혼의 최적기는 나이로만 따지면 안 됩니다. 단 아이를 낳아야 하는 점을 고려한다면, 젊고 아름답고 신체 건강한 시기에 결혼하는 것이 가장 좋을 것입니다. 제 개인적으로는 여자의 경우 27세 전후가 가장 좋으며, 남자의 경우 29세 전후에 결혼하는 것이 가장 좋다고 생각합니다. 이 시기는 남녀 모두 비교적 성숙하고, 직업도 안정적인 상태가 되고 생리적 측면에서도 가장 좋은 시기라 할 수 있습니다. 가장 중요한 것은 아이가 태어난 후 아이를 잘 키울 수 있는 체력이 있는 시기이며, 그 외에도 출산 이후 산모의 건강회복이 비교적 빠른 시기입니다. 이러한 것들은 단지 제 개인적인 생각일 뿐이며, 모든 사람의 상황이 같지 않기 때문에, 자신의 상황에 맞춰 결혼 적령기를 판단해야 할 것입니다. 결혼은 일생의 문제이기에 신중해야 하며 나이에 쫓겨 결혼을 서두르면 안 됩니다.

해설　어떤 일에 대한 본인의 견해를 서술할 때 대답하기 쉬운 쪽을 선택하는 것이 훨씬 유리할 것이다. 이 문제 같은 경우 조금 젊었을 때 결혼하는 것에 동의한다면 할 말이 많다. 그러나 늦게 결혼하는 것이 좋다고 한다면 이야기하기가 조금 어려워질 수 있다.

14.
Nǐ juéde chī zhōngyào hǎo háishi chī xīyào hǎo?
你 觉得 吃 中药 好 还是 吃 西药 好?

당신은 한약과 양약 중 어느 것이 좋다고 생각합니까?

我觉得中药和西药各有利弊，西药见效快、副作用大，但能治本，如肺结核只有用西药才能治好。中药主要通过调理人体的基本机能，使整个身体逐渐恢复正常，虽然见效慢，但副作用相对较少，所以无法简单地讲哪个更好。我的做法是：小感冒用中药，重感冒用西药，如果是慢性病还是要用中药，如果是急性病还是要用西药。

단어   中药 zhōngyào 한약 | 西药 xīyào 양약 | 各有利弊 gèyǒulìbì 각자 이로움과 폐단이 있다 | 副作用 fùzuòyòng 부작용 | 治本 zhìběn 근본을 치료하다, 근본적으로 다스리다[관리하다, 해결하다] | 如 rú 예를 들면 | 肺结核 fèijiéhé 폐결핵 | 只有… 才… zhǐyǒu… cái… …해야만 …하다 | 治好 zhìhǎo 치유되다 | 通过 tōngguò …를 통해 | 调理 tiáolǐ 몸조리하다 | 机能 jīnéng 기능 | 整个 zhěnggè 온, 모든 것 | 逐渐 zhújiàn 점차 | 恢复 huīfù 회복하다 | 相对 xiāngduì 상대적으로 | 做法 zuòfǎ (일처리나 물건을 만드는) 방법 | 重感冒 zhònggǎnmào 독감 | 慢性病 mànxìngbìng 만성병 | 急性病 jíxìngbìng 급성질환

번역   저는 한약과 양약은 각자 장단점이 있다고 생각합니다. 양약은 효과가 빠르지만, 부작용이 크고 병의 근본을 치료하는 효과가 있지요. 예를 들면 폐결핵의 경우 양약으로만 치료가 가능합니다. 한약은 인체의 기본 기능을 조절함으로써 몸 전체의 건강상태를 점진적으로 정상 상태로 회복시키고, 효과는 느리지만, 부작용은 상대적으로 적습니다. 때문에 한약치료와 양약치료 중 어느 것이 더 좋다라고 간단히 말할 수는 없습니다. 제 생각에는 가벼운 감기 같은 것은 한약으로, 심각한 감기는 양약으로 치료하며, 만성질환의 경우는 한약으로, 급성질환의 경우는 양약으로 치료해야 할 것입니다.

해설   이러한 문제는 상식적인 문제이다. 따라서 대답 할 때 본인이 알고 있는 상식대로 이야기하는 것이 좋다.

신HSK 회화 중급 공략
실전 모의고사
6회 정답 및 해설

第 1-10题：听后重复

1.　　　每个周末我都去游泳。

2.　　　她一下班就回家。

3.　　　马上就要下雨了。

4.　　　今天晚上我没有什么安排。

5.　　　天气预报说今天有大风。

6.　　　我能喝两瓶啤酒。

7.　　　我想送我爸爸一条领带。

8.　　　我觉得这件衣服款式不错。

9.　　　我们可以给你打八折。

10.　　请给我拿大一点儿的。

1. 저는 주말 마다 수영하러 갑니다.
해설　'每个周末' 은 시간명사이기 때문에 주어 앞이나 뒤에 모두 올 수 있다.

2. 그녀는 퇴근하자마자 바로 집으로 갑니다.
해설　'一 + 동사 + 就 + 동사' 는 '~하자 바로~하다' 란 뜻을 나타낸다.

3. 곧 비가 올 것 같습니다.
해설　'就要~了' 은 '곧~할 것이다' 라는 뜻으로 어떤 상황이 곧 발생함을 나타낸다.

4. 오늘 저녁에 저는 어떤 스케줄도 없습니다.
해설　여기서 '什么' 은 '무엇' 이라는 뜻이 아니라, '어떠한' 이라는 뜻을 나타낸다.

5. 일기예보에서 바람이 많이 분다고 했습니다.
해설　'有大风' 은 '바람이 많이 분다' 란 뜻을 나타낸다.

6. 저는 맥주를 두 병 마실 수 있습니다.
해설　'能' 은 '할 수 있다' 란 뜻으로 어떤 일을 할 수 있는 능력을 나타낸다.

7. 아버님께 넥타이를 선물하려고 합니다.
해설　'送 + 사람 + 명사' 은 '~에게 ~을 선물하다' 란 뜻을 나타낸다.

8. 저는 이 옷의 스타일이 괜찮다고 생각합니다.
해설　'觉得' 은 개인적인 느낌이나 견해를 나타낸다.

9. 20%할인해 드릴 수 있습니다.
해설　'打折' 은 '할인하다' 란 뜻이고, '20%할인하다' 는 '打八折' 로 표현해야 한다.

10. 조금 큰 사이즈로 주세요.
해설　'大一点儿的' 은 '조금 큰 것' 이라는 뜻을 나타낸다.

第 11-12题: 看图说话

11.

　　现在正是盛夏季节，天气非常炎热，我和妹妹都放假了，所以很想去动物园或公园儿玩儿，可爸爸总是因为工作太忙，没时间陪我们一起出去玩儿。今天爸爸好不容易抽出了时间，所以我们一家四口人高高兴兴地来到了郊外。妈妈准备了很多好吃的东西，有烧鸡、香肠、沙拉、水果和饮料，我和妹妹每人拿起一个鸡腿，大口大口地吃了起来，爸爸喝着啤酒，妈妈忙着给我们切香肠和水果。吃饱了以后我和妹妹开始在树林里跑来跑去，玩儿得非常开心，看到我们高兴的样子，爸爸说以后一定尽量多带我们出来玩儿。

단어

盛夏 shèngxià 한여름 | 炎热 yánrè 무덥다, 찌는 듯하다 | 放假 fàngjià 방학하다 | 好不容易 hǎoburóngyì 겨우, 간신히 | 抽时间 chōushíjiān 시간을 내다 | 高高兴兴 gāogaoxìngxing 기쁘고 흥분된 모습 | 郊外 jiāowài 교외 | 烧鸡 shāojī 통닭구이 | 香肠 xiāngcháng 소시지 | 沙拉 shālā 샐러드 | 鸡腿 jītuǐ 닭다리 | 大口大口 dàkǒudàkǒu 입을 크게 멀리고 음식을 먹는 모습 | 切 qiē 자르다, 썰다 | 树林 shùlín 숲, 수풀 | 跑来跑去 pǎoláipǎoqù 이리저리 뛰어다니다 | 开心 kāixīn 기쁘다, 즐겁다 | 样子 yàngzi 모양, 모습 | 尽量 jǐnliàng 가능한 한, 되도록

번역

　지금은 한 여름이기 때문에 날씨가 몹시 무덥다. 나와 여동생은 이미 방학을 해서 동물원이나 공원에 놀러 가고 싶은데 아빠가 늘 일 때문에 우리랑 같이 놀러 나갈 시간이 없었다. 오늘은 아빠가 어렵게 시간을 내서 우리 네 식구는 즐거운 마음으로 교외로 나오게 되었다. 엄마는 먹을 것을 많이 준비해 왔다. 통닭구이, 소시지, 샐러드, 과일과 음료수 등이 있었다. 나와 여동생은 닭다리를 하나씩 들고 입을 크게 벌리고 먹기 시작하였다. 아빠는 맥주를 마시고 있었고, 엄마는 소시지와 과일을 썰고 있었다. 배부르게 먹은 다음 나와 여동생은 수풀에서 이리저리 뛰어다니면서 아주 즐겁게 놀았다. 우리가 즐겁게 노는 것을 보더니 아빠는 앞으로 되도록 우리를 밖으로 데리고 나와 놀아야겠다고 말씀하셨다.

해설

이 문제는 그다지 어렵지 않다. 어렸을 때 부모님을 따라 소풍 갔던 이야기를 하면 된다. 주의할 것은 단어를 정확하게 사용하는 것이다. 예를 들면 '시간을 내다' 란 표현은 '抽出时间' 이다. 이와 같이 중국어의 표현법을 잘 익혀 두어야 점수를 높일 수 있다. 그리고 단어의 선정에 있어서 너무 쉬운 단어보다 중급에 걸맞은 단어를 사용해야 한다. 예를 들면 '天气非常炎热' , '烧鸡、香肠、沙拉、水果和饮料' 등이다.

第 11-12题：看图说话

12.

　　有个男人正在店里忙，一只狗突然跑了进来，男人把狗赶了出去。可是不一会儿，狗又跑了回来。男人觉得有些奇怪，他定睛一看，发现狗嘴里叼着一个袋子，袋子外面露出了一张纸条。男人打开纸条，上面写着："我要买12根香肠和一斤猪肉，钱在袋子里。"男人拿起袋子一看，钱果然在里边。于是他就收起钱，把香肠和猪肉装进袋子。这时男人心血来潮，关了店门跟在狗后面，决定看个究竟。那条狗穿过一条马路，来到一所房子前，它放下嘴里的袋子，用脚爪敲门，敲了一阵，从里面走出来一个残疾人，看上去有四十多岁，他看见狗以后，满意地点了点头，并扔给狗一块儿骨头。

단어 赶 gǎn 쫓아내다 | 定睛 dìngjīng 눈여겨보다 | 叼 diāo 입에 물다 | 袋子 dàizi 주머니 | 纸条 zhǐtiáo 종이쪽지 | 香肠 xiāngcháng 소시지 | 果然 guǒrán 과연, 아니나 다를까 | 于是 yúshì 그래서 | 收钱 shōuqián 돈을 받다 | 装 zhuāng 담다 | 心血来潮 xīnxuèláicháo 문득 어떤 생각이 떠오르다 | 跟 gēn 따라가다 | 究竟 jiūjìng 자초지종 | 穿过 chuānguò 가로질러 가다 | 房子 fángzi 집, 건물 | 脚爪 jiǎozhuǎ 동물의 발(톱) | 敲门 qiāomén 노크하다 | 一阵 yízhèn 한바탕 | 残疾人 cánjírén 장애인 | 扔 rēng 던지다 | 骨头 gǔtou 뼈

번역 한 남자가 가게에서 바쁘게 일하고 있는데, 개 한 마리가 갑자기 들어왔다. 남자는 개를 밖으로 쫓았지만 개는 곧 다시 달려 들어왔다. 남자가 눈여겨보니 개는 입에 주머니를 물고 있었는데 주머니 밖으로 종이쪽지가 보였다. 남자가 종이쪽지를 펴보니 "소시지 12개와 돼지고기 한 근을 주세요."라고 적혀있었다. 주머니 안을 보니 그 안에는 돈이 들어있었다. 남자는 돈을 받아들고 소시지와 돼지고기를 주머니 안에 넣었다. 이때 남자는 문득 어떤 생각이 떠올라 가게 문을 닫고 개를 따라가 일의 자초지종을 알고자 했다. 그 개는 길을 건너 어떤 집 앞에 도착하자 주머니를 내려놓고, 발톱으로 문을 두드렸다. 한 참 두드리자 안에서 40세가 넘어 보이는 장애인 한 명이 나왔다. 그는 개를 보자 만족스럽게 머리를 끄덕이며 개에게 뼈다귀 하나를 던져 주었다.

해설 이 그림은 조금 단조롭다. 따라서 상상력을 충분히 발휘하여 재미있는 이야기를 만들어내야 한다.

第 13~14题：回答问题

13.
Qǐng jiǎndān jièshào yíxia nǐmen guójiā de shǒudū.
请 简单 介绍 一下 你们 国家 的 首都。

자기 나라 수도에 관해 간단하게 소개해 보세요.

我们国家的首都是首尔，首尔是一个美丽的城市，大概有一千多万人口，已经有600多年的历史了。它不仅是韩国的首都，而且也是韩国政治、经济、文化的中心。在这里您不仅可以享受到现代化的生活，而且只要你有才能，还会有很多机会。另外，首尔市内有汉江、北韩山、南韩山、冠岳山，还有很多名胜古迹，比如南大门，东大门，景福宫，仁寺洞等。但是首尔市内人口密度非常高，因此房价比较高，交通也比较拥挤，不过最近几年已有所好转，相信在不远的将来首尔会成为一个美丽舒适而又最具吸引力的城市。

단어　首都 shǒudū 수도 | 城市 chéngshì 도시 | 人口 rénkǒu 인구 | 历史 lìshǐ 역사 | 政治 zhèngzhì 정치 | 享受 xiǎngshòu 누리다 | 才能 cáinéng 재능 | 北韩山 Běihánshān 북한산 | 冠岳山 Guànyuèshān 관악산 | 名胜古迹 míngshènggǔjì 명승고적 | 景福宫 Jǐngfúgōng 경복궁 | 仁寺洞 Rénsìdòng 인사동 | 密度 mìdù 밀도 | 房价 fángjià 집값 | 拥挤 yōngjǐ 붐비다 | 有所 yǒusuǒ 다소 …하다 | 好转 hǎozhuǎn 호전되다, 좋아지다 | 将来 jiānglái 장래, 미래 | 成为 chéngwéi …이〔가〕 되다 | 舒适 shūshì 쾌적하다 | 具 jù 갖추다 | 吸引力 xīyǐnlì 매력

번역　우리나라 수도는 서울입니다. 서울은 아름다운 도시이며 대략 1천만여 인구가 거주하고 있고, 이미 600여 년의 역사를 지닌 도시입니다. 서울은 한국의 수도일 뿐만 아니라 한국의 정치·경제·문화의 중심입니다. 이곳에서는 현대적인 생활을 누릴 수 있을 뿐만 아니라 당신이 재능이 있다면, 많은 기회를 얻을 수도 있습니다. 그 밖에 한강, 북한산, 남한산, 관악산이 서울의 시내에 산재하고, 남대문, 동대문, 경복궁, 인사동 등 많은 명승고적들이 있습니다. 그러나 서울의 인구밀도는 무척 높아 이로 인해 부동산의 가격이 비싸고 교통체증이 심하지만, 최근 몇 년간 이러한 문제들이 개선되고 있어 머지않아 서울은 아름답고 편안하며 강한 매력을 지닌 도시로 성장할 것이라는 것을 믿어 의심치 않습니다.

해설　자기 나라 수도, 가볼만한 곳 등에 대한 소개는 시험에서 흔히 나올 수 있는 문제이니 사전에 준비해 두는 것이 좋다.

140

14.
Zěnyàng cái néng zhǎodào zìjǐ xǐhuan de gōngzuò?
怎样　才　能　找到　自己　喜欢　的　工作?

어떻게 해야만 자신이 좋아하는 직업을 찾을 수 있을까?

我曾经听我的老师这样说过：＂世界上的每一份工作都很好，但是，没有任何一项工作，比我目前所做的工作更有意义。＂

以前，我一直把赚钱当成一个非常重要的目标，后来我才发现，赚钱并不是全部，也不是绝对的。赚钱固然重要，但是，当我一心一意把所有精力放在如何提高我的业务能力，如何提高我的工作效率时，我不仅提升得快，而且还从工作中得到了乐趣，因此每天过得非常愉快。

现在找工作越来越难，想找到自己喜欢的工作更是难上加难，与其花费时间和精力找自己喜欢的工作，不如脚踏实地地做好眼前的工作。

단어

曾经 céngjīng 이전에 | 一份 yífèn 한 가지 | 任何 rènhé 어떠한, 무엇, 어느 | 项 xiàng 가지, 항목 | 目前 mùqián 현재 | 赚钱 zhuànqián 돈을 벌다 | 当成 dàngchéng …(으)로 삼다 | 目标 mùbiāo 목표 | 绝对 juéduì 절대적인 | 固然 gùrán 물론 …하〔이〕지만 | 一心一意 yìxīnyíyì 전심전력으로 | 所有 suǒyǒu 모든 | 如何 rúhé 어떻게 | 业务 yèwù 업무 | 效率 xiàolǜ 효율 | 提升 tíshēng 진급하다 | 不仅…而且… bùjǐn… érqiě…… …뿐만 아니라 게다가 | 得到 dédào 얻다 | 乐趣 lèqù 즐거움 | 因此 yīncǐ 그래서, 그러므로 | 难上加难 nánshàngjiānán 설상가상이다 | 与其…不如… yǔqí … bùrú… …하느니 차라리…하는 것이 낫다 | 脚踏实地 jiǎotàshídì 일하는 것이 착실하고 견실하다 | 眼前 yǎnqián 눈 앞

번역

저는 이전에 저의 선생님께서 해주신 이런 말씀을 들은 적이 있습니다.

＂세상의 모든 직업은 다 좋은 직업이다. 하지만 어떠한 직업이든 지금 내가 하고 있는 일보다 더 의미가 있는 직업은 없다.＂

이전에 저는 줄곧 돈 버는 것을 가장 중요한 목표로 삼아왔습니다. 나중에야 알게 된 것이 돈 버는 것이 전부가 아닐 뿐 아니라, 절대적인 것도 아니라는 것이었습니다. 물론 돈 버는 것은 중요하지만, 어떻게 나의 업무능력을 향상시킬까, 어떻게 업무효율을 향상시킬지에 대해 나의 모든 열과 성의를 다하고 모든 정력을 쏟은 결과 저는 진급이 빨랐을 뿐만 아니라, 업무에서 즐거움을 느낌으로써 매일 매일을 즐겁게 지낼 수 있었습니다.

최근 직업을 찾는 것은 점점 더 어려워지고 있고, 자신이 좋아하는 직업을 찾는 것은 더욱더 어려운 일입니다. 시간과 정력을 들여 자신이 좋아하는 일을 찾는 것보다 눈앞의 일을 착실히 해나가는 것이 더 나을 것입니다.

해설

어떻게 해야만 자신이 좋아하는 직업을 찾을 수 있을까? 당신이 생각하는 이상적인 직업은 어떤 것인가? 이러한 문제는 한국어로 대답하기도 어려운 문제이다. 따라서 시험에서 출제할 수 있는 문제들을 미리 정리하여 준비하는 것이 좋다.